Les tortures de la mode

Caroline de Surany

Les tortures de la mode

Listes et anecdotes d'une shopping addict

Illustré par Angéline Mélin

Jean-Claude Gawsewitch Éditeur

ISBN : 978-2-253-08511-9 – 1re publication LGF

Je m'appelle C. (je préfère rester anonyme) et je suis une fashion victim.

Victim : ce mot a pris tout son sens le jour où j'ai renoncé à mes vacances au Maroc pour changer ma vie en achetant une paire de Jimmy Choo en soldes.

C'est clair, j'en suis, et pour rester dans la course à la tendance, je dois subir toute une série de tortures que la mode m'impose.

Je compte bien vous les raconter dans ce livre.

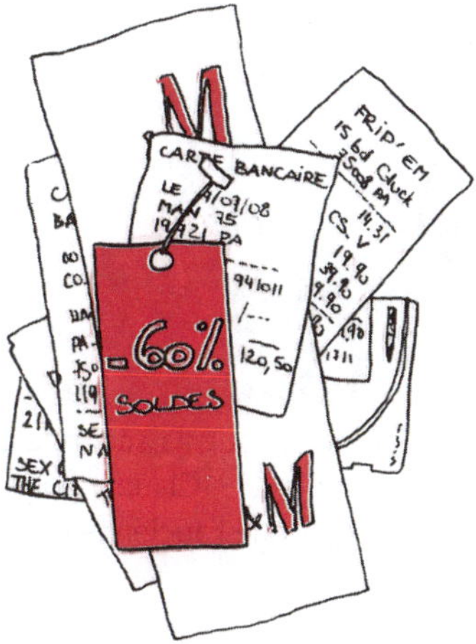

La mode et le shopping

Le shopping, mon passe-temps favori, pour le meilleur et pour le pire, la preuve.

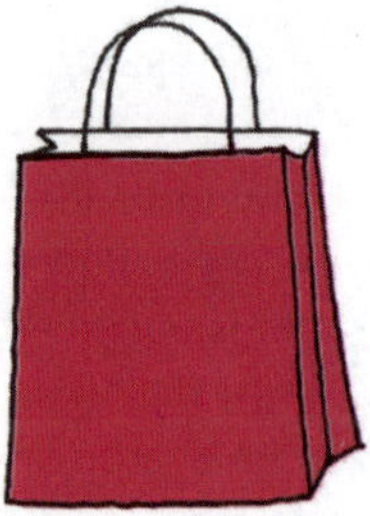

La cabine d'essayage

Une cabine d'essayage, c'est le lieu de tous les possibles : se prendre pour Claudia S., puis la seconde d'après réaliser que ce serait plus Claudia L. – Claudia Lopez, la fille de la concierge, 1,50 m, 70 kg – que l'ancienne égérie de Karl.

Dans une cabine d'essayage, je commence par me la jouer star. Tous ces miroirs, ça me donne l'impression d'être Sharon Stone à Cannes. Profil droit, profil gauche.

Non, non, pas d'autographes, je suis pressée, j'ai des fringues à essayer, moi !

Oui, je sais, j'ai une imagination délirante et elle part au quart de tour. Surtout quand il s'agit de me prendre pour Sharon.

Je me déshabille fièrement en m'observant sous toutes les coutures. Jusqu'ici tout va bien. L'avantage avec une cabine d'essayage, c'est qu'il y a tellement de miroirs que je peux me voir de dos en restant de face, tout en observant mes deux profils. Pas besoin de tourner en rond, comme dans ma chambre, ni de sautiller pour voir si les chaussures sont bien assorties au reste. C'est super, je vois comme ce top me va bien. Je corrige le moindre pli de mon jean. Je veux la même à la maison ! Tout de suite.

Ça s'achète au BHV une cabine d'essayage? C'est tellement pratique. Et super agréable. Enfin tout dépend de ce que j'essaie. Car l'inconvénient, c'est qu'en retirant mon jean pour enfiler un maillot triangle, je peux voir ma cellulite tout en observant mes hanches et leurs ravissantes poignées d'amour et en constatant la tête en bas que j'ai mauvaise mine aujourd'hui. Alors je joue à « Où est passée Sharon? » en essayant une robe censée être sexy. Elle est trop petite. Un 38 trop petit? Impossible. Je me remaquille. L'effet boudinant ne se dissipe pas. Peut-être que ça ne venait pas du make-up?

En attendant, je n'ai toujours pas retrouvé Sharon. Hors de question de rentrer sans elle. Je remets mes fringues d'origine. Celles qui me mettaient tant en valeur dans ces trois miroirs en arrivant. Je suis toute rouge, je brille, mon mascara a coulé. J'ai l'air stone, mais Sharon n'est pas revenue.

Mon jean ne me va plus si bien que ça. Il fait de drôles de plis. Mon tee-shirt laisse apparaître un début de bourrelet à gauche. Il le cachait pourtant tout à l'heure! Sharon ne reviendra plus. Je quitte la cabine dépitée. Et bredouille de shopping. Non, vraiment, une cabine d'essayage chez moi, et pourquoi pas un flingue aussi?

Toutes ces mauvaises raisons qui me poussent à acheter, acheter, acheter... n'importe quoi

Le shopping, on a toujours une bonne raison pour aller en faire... Pour acheter, la raison tient parfois moins bien la route.

- Cette robe sera parfaite avec mes escarpins verts de dix centimètres que je ne mets jamais. (La robe ne les rendra pas plus confortables.)

- Ce qui ne va avec rien va avec tout. (Théorie fashion-foireuse : ce qui ne va avec rien ne va avec rien, c'est pourtant simple !)

- Je n'ai pas de sac bordeaux doré et bleu marine. (Tiens, et on se demande pourquoi !)

- Bon, c'est pas grave, je vendrai un truc sur eBay pour éponger mon découvert. (Sauf qu'un truc vendu sur eBay quarante euros dont dix de frais de poste et d'annonce n'éponge pas quatre-vingt-dix euros de craquage !)

- Au pire je le revends sur eBay. (À moitié prix !)

- C'est IN-DIS-PEN-SABLE d'avoir un trench vert. (Et un compte au-dessus de zéro, c'est un *must have* aussi, non ?)

- **Elles me font mal, mais le cuir va s'assouplir.** (Des chaussures qui font déjà mal dans la boutique sont des tueuses de pieds qui ont la politesse de vous avertir, écoutez-les !)

- **Si je repars sans, je vais déprimer.** (Si je repars avec, je vais rester enfermée pour cause de dèche totale et c'est là que je vais déprimer.)

- **Je n'ai qu'à faire reprendre la taille et la porter avec des talons de huit centimètres pour qu'elle soit parfaite, cette petite robe !** (Qui va rester dans le placard sur le tas « retouches » pendant six mois, puis au fond du placard tout court ?)

- **J'ai besoin de me faire plaisir.** (Oui, mais le plaisir n'est entier que si c'est un bon achat.)

- **Je peux toujours revenir me faire rembourser.** (Sauf chez H&M, où c'est un avoir ou un échange, mais pas de sous... et si rien d'autre ne me plaît je fais quoi ?)

- **La vendeuse dit que ça me va super.** (C'est son métier.)

- **Ce top sera ravissant quand je serai bronzée.** (Ou pas, ça je ne le sais pas encore ; ce que je sais, c'est qu'ici et maintenant, c'est la cata !)

- **Plus que trois kilos et ce pantalon m'ira nickel, ça va me motiver.** (Ou pas, et peut-être qu'après je flotterai dedans, donc j'attends d'avoir minci.)

- **C'est ultra tendance, je vais m'habituer.** (Ou pas.)

Je ne peux pas passer à côté de LA couleur de l'été. (Même si ça me donne un teint d'endive ?)

Julie sera hyper jalouse. (Ou pas, et moi dans tout ça ?)

C'est soldé à – 50 %, trop bien l'économie ! (Oui mais si c'est pour la laisser au fond du placard, ça s'appelle une dépense inutile !)

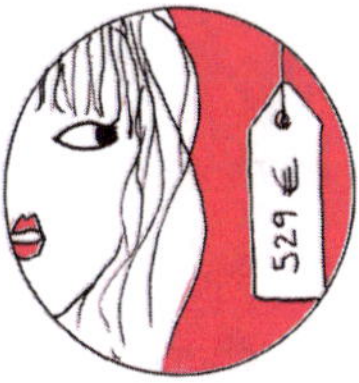

Vingt orgasmes shoppinguistiques

Oui, le shopping peut procurer des orgasmes ! Quand ? À ces moments-là :

- Je déniche un ravissant top chez H&M, c'est le dernier et c'est ma taille.
- Soldes chez Fendi. Le maillot de bain que je voulais est soldé à – 50 %, pas de réduction sur les autres.
- J'essaie une robe sexy qui me transforme en superbe pin-up.
- J'ai pris par erreur un jean en taille 26 et ô miracle : je rentre dedans.
- Je sors de la cabine avec un top et toutes les filles du magasin veulent essayer le même.
- Il n'y en a plus, j'achète le dernier sous leurs yeux implorants.
- Il ne reste qu'une taille pour la paire d'escarpins qui me fait de l'œil depuis la vitrine : la mienne.
- Une fille au look super travaillé me fait un compliment.
- Mieux : elle me demande où j'ai trouvé mes chaussures.

- Au moment où je croyais rentrer bredouille de ma journée shopping, je croise le top de mes rêves et il coûte dix euros.
- J'achète un sac sublime et beaucoup trop cher.
- Entre deux ensembles de lingerie très chers, je choisis les deux.
- La fille qui essayait la robe que je voulais la rend à la vendeuse, elle ne la prend pas.
- Mieux : j'assiste à l'essayage et elle lui fait des fesses énormes.
- Une fille bien lookée me demande mon avis sur les escarpins qu'elle essaie.
- Arrivée à la caisse, j'en ai pour moins cher que ce que j'avais calculé.
- Je range ma nouvelle paire de chaussures, puis non, je la sors du placard et la pose dans la bibliothèque pour pouvoir la regarder.
- Mon homme adore la nouvelle jupe que j'ai achetée.
- La vendeuse, après un combat terrible dans la réserve, ressort épuisée et dit : « C'est la dernière paire. »
- Dans la rue, quand je marche avec mes nouvelles ballerines aux pieds, les filles les regardent avec envie, elles ne voient même plus mon homme à mon bras.

Ces superbes bottes de printemps… qui ne vont avec rien.

Bon, déjà, le concept est douteux. Bottes et printemps ne font pas logiquement bon ménage.

Quand on pense printemps, on pense plutôt : « Youpiiii ! Bientôt les sandales ! » Mais après lecture de *Numéro* et *ELLE*, j'étais bien obligée d'ouvrir un peu mon esprit étriqué : ce printemps n'existerait qu'en bottes. Il m'en fallait tout de suite.

C'est ce que s'empresse de me dire la vendeuse de chez Karine Arabian, qui m'a prise pour une hérétique. Alors que je suis croyante – bien que pas tous les jours pratiquante.

Ce jour-là, j'ai un tee-shirt Petit Bateau et un jean, alors, fatalement, je passe pour une plouc aux yeux de cette fille qui ne voit défiler dans sa boutique que la crème de la mode.

« Toutes les mannequins portent ça ! Et pas que dans les magazines », surenchérit-elle. Oui, mais les mannequins sont canon, même en sac-poubelle, ça ne veut rien dire ça.

J'essaie quand même le modèle qu'elle m'indique. C'est la dernière paire, elles en sont toutes folles. Sans blague ? Beige et dorées, des bottes de sept lieues miniatures…

Ma parole, mais elles ne vont avec rien ?! Et là, la vendeuse me met K-O avec cette phrase d'une efficacité redoutable : « Ce qui ne va avec rien, va avec tout. » Concept intéressant. Au point que je paie les trois cent vingt-cinq euros qu'elle me réclame.

Sans réfléchir. À part à cette nouvelle théorie : je me vois en conférence, devant un auditoire de filles ébahies, faisant une démonstration formidable sur comment les pièces les plus inassortissables de leur garde-robe sont les basiques de demain.

Seulement, quelques heures plus tard, chez moi, d'essayages infructueux en tentatives catastrophiques, je mets le doigt sur la faille monumentale entre la théorie et la pratique.

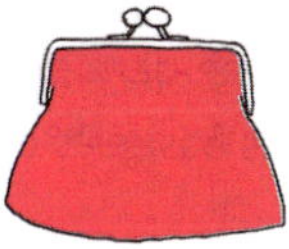

Voilà pourquoi il ne faut pas faire les soldes (ce qui ne m'empêche pas d'y aller quand même)

Il y a des milliers de bonnes raisons de boycotter les soldes. Pourtant, on y va toutes. Moi la première.

— Il y a foule. (Le samedi aussi.)

— Ce que j'aime n'est pas soldé. (Ce n'est pas grave je l'achète quand même.)

— Je n'ai plus de sous. (Une bonne raison pour acheter moins cher.)

— Ce qui est soldé est démodé, qui a besoin de vêtements dont plus personne ne voudra dans deux mois ? (Moi.)

— C'est un des nombreux pièges de la société capitaliste. (Vive le capitalisme !)

— J'aimerais partir en vacances. (Et j'ai justement besoin d'un maillot de bain.)

— Je dois faire un régime, je vais changer de taille. (Parfait, comme ça je peux commencer à acheter pour quand j'aurai minci.)

— Les prix n'étaient pas très intéressants l'année dernière. (Et si cette année ils avaient fait un effort considérable ?)

— Je n'ai besoin que de basiques et ils ne sont jamais soldés. (Sait-on jamais, peut-être que cette fois...)

— Les vendeuses sont trop occupées. (Donc j'ai la paix.)

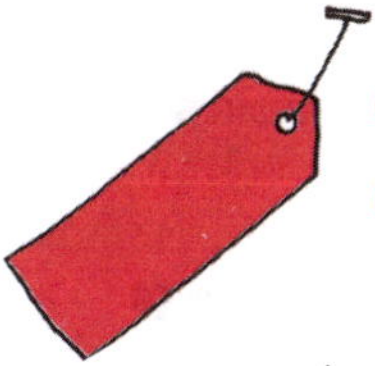

Excellentes raisons de faire les fins de soldes

Le moment des meilleures affaires ! Et des plus grands dangers aussi car la nouvelle collection commence à s'installer et à me faire de l'œil.

Donc je cherche toutes les bonnes raisons d'attendre la fin des promos pour remettre les pieds dans les magasins... Mais je ne trouve que des bonnes raisons d'y aller !

- Il y a la clim/le chauffage aux Galeries Lafayette.
- Je n'ai toujours pas de maillot de bain/de pull en cachemire et je pars en vacances dans une semaine.
- Sur place, les maillots de bain/pulls en cachemire seront encore plus chers.
- Impossible de mettre un doigt de pied dans la mer avec un maillot de l'année dernière/Impossible de mettre un pied moonbootisé dans la neige avec un pull en cachemire de l'an dernier.
- Ils soldent à – 70 %, ça ne peut pas être cher.
- Qu'est-ce que je vais faire samedi après-midi ?
- Je voulais voir l'expo du Bon Marché, je ne peux quand même pas y aller avec des œillères.

- Ma rédac chef m'a fait un reproche, j'ai besoin d'un antidote à la réalité.
- Ma rédac chef est contente, il faut que je fête ça.
- Il faut que j'accompagne une copine.
- Il me faut une robe pour le mariage de mon copain Nico, bien sûr il n'y en a pas dans ma garde-robe, du tout, je le jure.
- Toutes mes chaussures me font mal aux pieds, il m'en faut des neuves.
- Mon banquier est en vacances.
- Je viens de recevoir une carte bleue toute neuve.
- Ça fait un an que j'ai arrêté de fumer, j'ai donc économisé largement de quoi faire une tournée de shopping frénétique avenue Montaigne. (Mais où est donc passé cet argent ?)

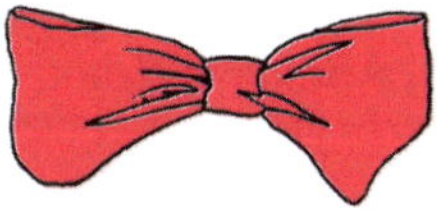

Intuition musicale

Au départ, j'avais une petite voix.

Petite mais pas toujours douce.

Elle me disait ce que je devais faire et ne pas faire. Elle n'était pas toujours d'accord avec elle-même. Autoritaire, elle m'interdisait arbitrairement des plaisirs tels que me jeter sur un manteau en soldes le 6 février, manger une barbe à papa à 15 h 34 en plein Paris, prendre un billet d'avion pour Buenos Aires sur un coup de tête, etc., etc. Jusqu'à ce que, un jour, la goutte d'eau ayant fait déborder le fleuve, je la licencie pour rabat-joisme aigu...

Sans petite voix, j'étais libre.

« Et ton intuition ? me demanda une amie. Qu'en fais-tu de ton intuition ? »

Elle avait raison, sans petite voix, je n'allais pas pouvoir prendre de décision, choisir un chemin, dire oui ou non... Le problème était vaste. La faire revenir ? Hors de question, elle avait dépassé les bornes en me refusant de tester un nouveau thé à la rose chez Mariage Frères. Tant pis, je renonçai à toute forme d'intuition et filai faire du shopping pour compenser. H&M : quand il s'agit de compensation, c'est plus prudent d'aller chez l'ami suédois. Comme quoi, pas besoin de ma petite voix pour me guider.

Dans la cabine : quatre robes et un manteau.

J'enfile la première robe. Rien, silence, je tourne, observe, elle me colle au collant et rend mes cheveux électriques. Je laisse tomber.

Deuxième robe, elle est ravissante. J'entends quelque chose... Ma petite voix oserait-elle revenir malgré mon refus de lui faire terminer son préavis ? Non, c'est une musique ! La musique de mon film fétiche : *Down With Love*, une mélodie jazzy et gaie, très rétro. Étrange...

Troisième robe, affreuse, silence.

Quatrième robe, immettable, silence. Le manteau ? CANON, et la musique revient... J'ai presque envie de danser comme dans *Ally Mc Beal* quand ils entendent Barry White.

Ce jour-là, j'ai fait deux excellents achats. Depuis, je sais que quand, en me regardant dans le miroir de la cabine, j'entends cette musique, la voie est libre, je peux acheter sans me tromper. Oui, je sais, tous les prétextes sont bons.

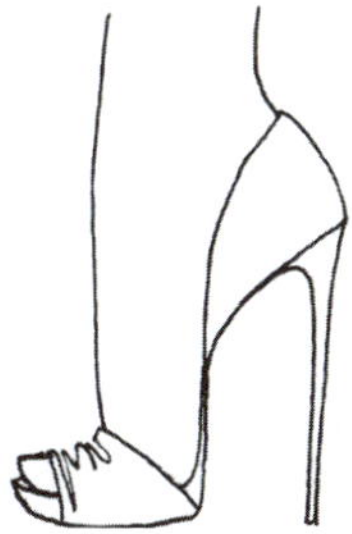

Chasse au crocodile

Un jour, je me balade tranquillement chez Zara sans idée derrière la tête. Surtout pas celle d'acheter quelque chose, vous pensez bien. Surtout pas celle de trouver mes chaussures de la rentrée. Et pourtant...

En regardant de plus près une robe belle de loin, je vois un crocodile dépasser. D'un bond je recule et discerne un escarpin à la forme divine dans sa peau de faux croco...

En grande amie de la nature, je me dois d'acheter et de faire la promotion de ce modèle pour épargner la vie de milliers de crocodiles. Je me vois déjà, remerciant Zara pour mon prix Nobel de la préservation des espèces en robe fourreau en fausse fourrure.

Et là, que vois-je ? Malédiction. C'est un 37. Et sa copine a disparu. Pauvre petite chaussure perdue. Il faut que je retrouve ses sœurs. Pour l'amour des crocodiles. Pour toutes les chaussures esseulées du monde.

Ma mission est prioritaire. J'interromps donc la conversation de deux vendeuses pour poser ma question :

— S'il vous plaît ? Où trouve-t-on ces escarpins ?

— Ah, je ne connais pas ce modèle. Aucune idée.

Et de reprendre sa conversation.

Bien.

Moment de panique : Et si cette chaussure n'était pas une Zara ? Et si elle était tombée du sac d'une cliente et qu'elle venait de chez Pierre Hardy ? Serais-je toujours en mesure de sauver les crocodiles ? Après vérification, à moins que Pierre ait pété les plombs à force d'être copié, ce sont des Zara, c'est marqué dedans. Soulagement. Je poursuis seule et contre tous mes recherches. Un vendeur au loin. Je m'approche. Il s'éloigne. Difficile à capturer, ces bêtes-là. J'aurais plus vite fait d'attraper un crocodile et de le teindre en noir finalement. Ah ! cet amour de la nature me conduira à ma perte.

Quand je coince le vendeur dans un angle, il m'avoue son ignorance. Il remarque somme toute que l'étiquette indique « trf », donc la boutique ados de Zara. Est-ce possible ?

J'y cours.

Miracle, elles sont là. Et personne autour.

Mieux, il y a du 39.

Drame, elles sont trop petites.

Ô joie ! il y a du 41.

Ô désespoir, elles sont un peu grandes.

Et là je prends la décision la plus sage de... euh... la journée ?... Je les repose et décide de les oublier. Après tout je ne vais pas courir tous les Zara pour des chaussures. Adieu prix Nobel. Adieu robe fourreau en fausse fourrure. Adieu pieds sublimes vêtus de faux croco.

Mais le dieu des crocos ne l'entendait pas de cette oreille. Dix jours plus tard, je retombe par hasard sur mes petites merveilles. Je me penche pour les saluer et que vois-je ? Un 40 qui m'attend bien sagement.

Depuis, je nage dans le bonheur. Elles vont avec tout, sont super confort, ce sont mes petits escarpins-chaussons parfaits ! Quelle aventure !

(Et pour le prix Nobel, je suis disponible pour venir le chercher au moment qui vous arrange.)

Chasse et pêche

A priori, rien ne rapproche un chasseur de canards et une accro au shopping.

A priori... Mais quand on y regarde de plus près :

- Le chasseur se lève à l'aube à l'ouverture de la chasse, la shoppeuse se lève aux aurores à l'ouverture des soldes.

- Le chasseur, pour l'accompagner, prend un chien de chasse, la shoppeuse, une copine fouineuse.

- Le chasseur a ses coins, la shoppeuse a ses boutiques fétiches.

- Le chasseur passe ses samedis dans la forêt, la shoppeuse passe ses samedis dans la jungle urbaine.

- Le chasseur, devant une proie exceptionnelle, se montre particulièrement patient, la shoppeuse ferait la queue des heures pour des soldes de presse.

- Le chasseur, en rentrant chez lui, brandit fièrement ses proies capturées, espérant un regard admiratif de sa femme, la shoppeuse, en rentrant chez elle, sort fièrement le fruit de son shopping de ses sacs, espérant un regard admiratif de son homme.

- Le chasseur est l'ennemi juré de Brigitte Bardot, la shoppeuse tentée par la fourrure tendance l'est tout autant.

- Le chasseur ne donnerait pour rien au monde ses techniques secrètes, la shoppeuse ne révèle jamais vraiment ses bons plans.

Attention : le chasseur et la shoppeuse ne font quand même pas qu'un, la preuve :

- Le chasseur attend que sa proie regarde ailleurs pour tirer, la shoppeuse attend que sa rivale regarde ailleurs pour se jeter sur sa proie.

- Le chasseur attend de sa femme qu'elle cuisine de délicieux mets avec le produit de sa chasse, la shoppeuse attend de son homme qu'il lui offre de délicieux compliments au sujet du produit de son shopping.

- Le chasseur paie une tournée à ses copains chasseurs quand il chope le gibier dont il rêvait, la shoppeuse paierait bien un verre à ses copines quand elle trouve la robe de ses rêves mais elle est fauchée.

- Le chasseur se vante de ses exploits de chasse en en rajoutant un peu (« l'ours nous a foncé dessus », pour ne pas dire le castor), la shoppeuse se vante de ses exploits de shopping en en enlevant un peu (d'euros dépensés).

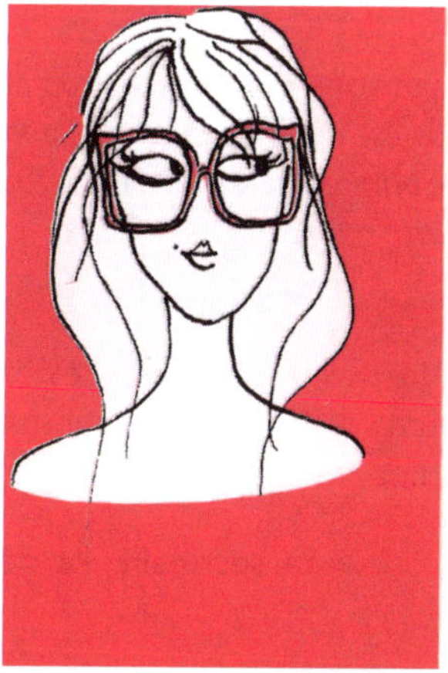

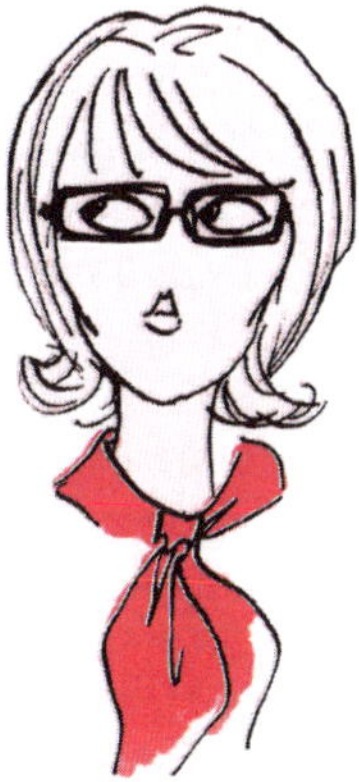

La mode et ma mère

A priori, une mère a tout de la parfaite partenaire de shopping :
objective (« Ma fille tu es la plus belle, même en sac-poubelle »),
détachée (« Quoi ? Tu veux dépenser encooore ??? »)
et enthousiaste (« On n'a pas fait assez de boutiques, là ? »).
Gardez quand même ceci en tête au cas où...

Dix mensonges indispensables

À dégainer dès que votre mère regarde de trop près une fringue qui vous est destinée, quand elle voit avant vous la bonne affaire du siècle, ou dans toute autre situation d'alerte rouge !

- À une mère du genre moderne : « Elle te va très bien cette robe, ça fait très... hum... dame élégante » (insistez légèrement sur le mot dame).
- À une mère du genre chef : « Ta secrétaire l'a déjà, non ? »
- À une mère du genre émancipée : « Ce n'est pas la couleur préférée de mamie ? »
- À une mère du genre pudique : « Ce ne serait pas un peu décolleté ? »
- À une mère du genre inquiète : « Non rien, je trouve juste qu'elle ne te rajeunit pas. »
- À une mère du genre accro au botox : « Cette couleur fait ressortir tes ridules, c'est dommage. »
- À une mère du genre difficile : « J'ai acheté un top de cette marque, il était foutu au deuxième lavage. »
- À une mère susceptible : « Oh, c'est sûr, ça fera plaisir à tante Madeleine, c'est très ringard, comme elle aime. Ah, c'est pour toi ? »
- À une mère tendance : « Oh ! ça me rappelle les robes que tu portais quand j'étais petite. »

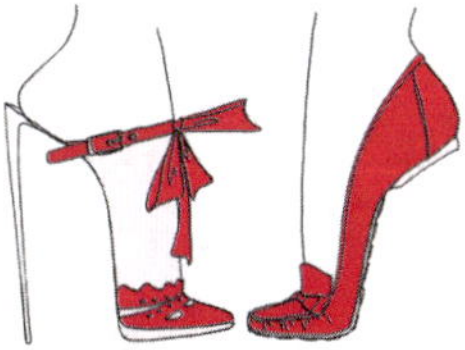

C'est parfaitement scandaleux

Une mère ne doit pas...
(Sous peine de répudiation sans délai.)

- Être plus mince que sa fille. (Et pourquoi pas plus jeune aussi ?)
- Connaître mieux les tendances. (Mais où va-t-on ?)
- S'habiller dans les mêmes marques. (Les traditions se perdent.)
- Être capable de porter des talons plus hauts. (Voire porter des talons tout court, une mère digne de ce nom porte des mocassins, à la rigueur des Repetto, point, nan mais.)
- Posséder plus de sacs et refuser de les prêter. (Et la solidarité féminine ?)
- Avoir jeté ou donné les vêtements datant de vingt ans à nouveau tendance aujourd'hui. (On doit tout garder, c'est bien connu.)
- Pire : les avoir conservés minutieusement et refuser de les sortir de leur malle. (Pour ouvrir un musée de la mode (et des mites) dans vingt ans ?)
- Plus abject encore : les avoir conservés et les reporter plutôt que de les donner à la chair de sa chair. (Les vraies valeurs se perdent.)

- Refuser cinquante euros pour l'investissement indispensable de la rentrée : un top en soie fuchsia. (Mais alors à quoi sert une mère ?)

- Prétendre avoir un rôti à préparer pour interrompre une après-midi shopping. (Mais attention, le dîner devra être prêt quand même à 20 heures pile, sinon...)

Ce que vous ne lui pardonnerez jamais

Parce qu'il faut bien dire qu'elle vous en a fait voir de toutes les couleurs…

- Avoir choisi, justement, en parlant de couleur, le bordeaux comme couleur de base de votre garde-robe de trois à six ans.
- Avoir fait rétrécir votre pull préféré en le mettant à la machine. C'était il y a dix ans, vous en pleurez encore, mère indigne !
- Avoir décidé que votre robe arc-en-ciel taille deux ans était trop petite, alors que vous n'aviez que quatre ans et demi, la garce !
- Vous avoir forcée à porter un kilt à l'école malgré les moqueries unanimes.
- Vous avoir fait des spaghettis bolognaise le premier jour de votre jolie robe blanche rayée bleue, maintenant tachetée orange.
- Vous avoir fait croire que les talons, c'était confortable et facile au quotidien : elle n'a jamais quitté les siens.
- Vous avoir fait de délicieuses pâtisseries irrésistibles, pile à l'âge où se forment les cellules graisseuses et donc les hanches…

- Avoir refusé de vous montrer comment poser du vernis à ongles à l'âge de sept ans, pourtant l'âge de raison.

- Vous avoir forcée à porter une robe ridicule pour le mariage de votre marraine, et avoir dit à l'assemblée : « Regardez comme elle est mignonne », vous aviez quatorze ans.

- Vous avoir transmis ses cheveux rebelles et sa peau mixte, mais pas son ravissant nez en trompette ; ça, vous avez la patate de votre papa.

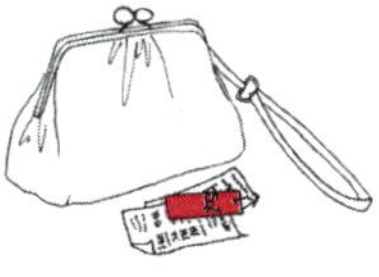

Ce qu'une mère ne doit pas dire dans une virée shopping

Parce qu'elle trouve toujours la phrase qui fâche.

- Au sujet de mon slim que j'adore déjà : « Ils n'ont pas la taille au-dessus ? Ça plisse. »
- Au sujet de mon tee-shirt loose : « Ils n'ont pas plus petit ? Ça pendouille. »
- À propos de mon jean pile dans la couleur tendance : « Il n'existe pas dans une autre couleur, ce jean ? C'est très voyant. »
- À propos de cette robe tout en transparence dont je suis déjà amoureuse : « Je rêve, il n'y a pas de doublure ! »
- À propos de ce minishort boule si mignon : « Non, ça existe ça ? On dirait tes culottes de bébé ! »
- Sur ces escarpins de rêve : « Ils ne sont pas un peu hauts ? Tu es sûre que tu pourras marcher avec ? »
- Sur ce sac doré que je viens d'acheter : « Tu as gardé le ticket ? Non parce qu'il est vraiment très vulgaire ! »
- Sur mes nouvelles sandales en plastique trop mignonnes : « Oh, c'est exactement les mêmes que celles que tu portais à Plougastel en 1986 ! »

En touchant ma nouvelle acquisition, ce superbe pull qui m'a coûté un bras : « Qu'est-ce que c'est que cette matière ? Encore un truc H&M ? »

En voyant mes nouveaux achats : « Tu n'étais pas à découvert, toi ? »

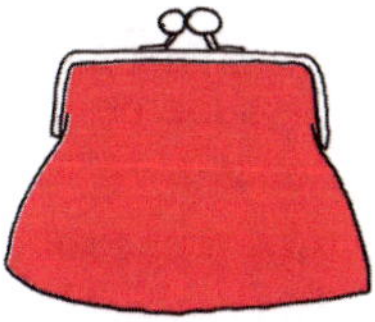

Vintage

Ce qui est bien avec ma mère, c'est qu'elle aussi a une mère.

Qui par extension est donc ma grand-mère, vous suivez ?

Et la mère de ma mère a de jolies robes qu'elle daigne me donner au compte-gouttes, de jolies robes vintage, j'adore !

Et comme ça ne me suffit pas, je me fournis aussi en robes et autres vêtements d'un autre temps dans de petites boutiques confidentielles…

Pourquoi ? Pour ça :

- **J'adore l'idée que mon vêtement ait une histoire :** sa propriétaire a-t-elle été résistante ? A-t-elle rencontré son mari quand elle portait cette robe ? A-t-elle dansé dans un bal musette avec ? Tant de mystères !

- **Nos grand-mères ont raison :** la qualité se perd ! En achetant d'époque, on s'assure de belles matières et des vêtements durables.

- **Quand on nous demande : « Où as-tu trouvé cette merveille ? »,** c'est un bonheur délirant de pouvoir répondre : « En 1930 », ou encore : « Oh ! dans le grenier de ma grand-mère. »

- Dans la même veine, on ne risque pas de croiser qui que ce soit avec la même robe !

- **Les vêtements et accessoires d'avant 1960 ont souvent un prénom désuet sur l'étiquette :** « Thérèse », s'appelle ma voilette. « Rose », s'appelle mon manteau. C'est plein de charme !

Pour le prix d'une robe Zara en polyester, j'ai une robe quasi unique 100 % soie. Pour le prix d'une robe Maje en dentelle cheap, j'ai une robe 1910 en dentelle faite main.

Au lieu d'une immense boutique dans laquelle je dois fouiller pendant des heures, faire la queue pour essayer et décider toute seule devant la glace si ça me va ou pas, j'ai une jolie boutique avec une vendeuse qui me connaît bien et qui me met de côté ce qui est coupé pour moi, ou un vendeur qui n'hésite pas à me dire : « Ah non, ça ce n'est pas pour vous du tout, essayez-moi plutôt ça. »

Dix ans plus tard, ma robe Zara ne vaut plus un clou, alors que ma robe 1920 a pris de la valeur !

Je peux aussi acheter mes vêtements aux ventes aux enchères chez Drouot. « Au premier rang soixante-cinq euros ! Soixante-dix ! Madame à la voilette, soixante-quinze euros ? Adjugé ! », c'est quand même plus glamour que « Soixante-quinze euros, mettez votre carte bleue là ».

Si j'ai mangé trop de chocolat, les robes 50's me vont encore mieux.

C'est bon pour ma culture mode : « Ah bon, on faisait des épaules comme ça dans les années trente ? Ah, et ça c'est 1920, pourtant j'aurais juré... »

Ça favorise les échanges : « Vous avez vraiment un style particulier, où vous habillez-vous ? »

- Ça ouvre des portes : « Ah ben justement, on cherche quelqu'un comme vous pour glamouriser notre image. »
- Ça fait sourire les petits vieux dans le bus, tout contents de voir des femmes « comme autrefois ».
- Ça fait plaisir aux touristes qui peuvent encore croire au mythe de la Parisienne.

Là, c'est vous la mère

Parce qu'une mère peut retomber facilement en enfance.

- **Vous lui faites découvrir une marque d'un petit créateur,** elle a les yeux écarquillés, envie de tout comme une petite fille dans une boutique de jouets.

- **Elle vous demande de la relooker,** vous faites les boutiques main dans la main et c'est vous qui décidez, comme elle quand vous aviez six ans.

- **Elle refuse cette robe qui lui irait pourtant si bien** en boudant, comme vous quand elle voulait vous faire porter des robes à smoke.

- **Elle veut s'acheter cette robe Gucci et aussi ces escarpins Prada** alors que vous sortez de chez Chanel avec deux sacs, vous menacez de lui confisquer sa carte bleue.

- **Elle a envie de faire plus jeune** et elle refuse en bloc tout ce qui fait femme, comme vous refusiez les tee-shirts Mickey à l'adolescence.

- **Elle est obsédée par une paire de chaussures qu'elle a vue dans *ELLE*** et vous harcèle pour aller faire du shopping, un peu comme vous quand vous vouliez qu'elle joue avec vous à la poupée.

- **Elle vous appelle pour vous demander votre avis sur son nouveau look :** « Alors alors, qu'est-ce que tu en as pensé ? » Comme quand vous cherchiez son approbation pour tout.

Elle s'entiche de votre sac à main et veut le même, pire elle l'achète, comme à l'époque où vous vouliez tout comme elle.

Elle s'entête à porter des jeans pour faire « djeuns » alors que vous vous tuez à lui expliquer que ça ne lui va pas, un peu comme vous et l'œil charbonneux en quatrième.

Elle part en week-end sur un coup de tête et vous êtes de corvée de chat et de plantes vertes, comme elle quand vous traciez la route avec vos copines de lycée.

Des avantages de shopper avec sa mère

Ou tout ce qu'une mère fera et qu'une amie, même la meilleure, ne fera jamais.

— Dire : « Attends mais j'ai le même, un vintage que je ne porte plus, garde tes sous, je te le passe. »

— Avouer : « Non, vraiment, ça ne te met pas en valeur, c'est dommage. »

— Remarquer l'absence d'ourlet correct.

— Noter la mention « Pressing uniquement » : « Tu es sûre ? »

— Oser la question : « Tu vas porter ça avec quoi ? »

— Supposer humblement : « Tu ne détestais pas le vert ? »

— Sortir la carte bleue en cas de : « Le paiement a été refusé par votre banque. »

— Sortir le cash quand : « Nous ne prenons ni les chèques ni la carte bleue, mademoiselle. »

— Accepter de ne pas prendre le même sac, même dans une couleur différente.

— Ne répéter à personne que vous n'êtes pas rentrée dans le 38... ni dans le 40.

Merci pour les complexes

D'elle, vous tenez votre amour de la chanson française, votre passion pour la Chine et votre engouement pour le luxe, mais aussi vos pires complexes.

À chaque mère, le complexe style de la fille.

- La mère ultra chic : l'impression d'être toujours en guenilles, même en tailleur Saint Laurent.
- La mère super mince : la sensation d'être un boudin, même en taille 36.
- La mère intello : l'impression d'avoir deux neurones qui se battent en duel sur un terrain d'une superficialité désespérante.
- La mère ultra sexy : la certitude d'avoir le sex-appeal d'une huître.
- La mère canon : l'impression d'être la plus moche du monde, même en Chanel.
- La mère fée du logis : la sensation d'être la pire maîtresse de maison de l'univers, l'impossibilité d'enfiler un peignoir.
- La mère cordon-bleu : la certitude de ne pas savoir faire cuire ne serait-ce qu'un œuf, la garantie de s'asperger de sauce tomate à la première occasion.

- **La mère executive woman :** l'impression d'être une ratée, de ne pas savoir porter le tailleur, traumatisée de l'épaulette.

- **La mère bobo chic :** la certitude d'être trop rigide, de prendre les choses trop au sérieux.

Dictionnaire de la langue maternelle

Une mère a parfois un langage alambiqué...

Pour éviter les malentendus, voici ce que vous devez comprendre...

- Ça n'a aucune importance = Si tu me lâches sur ce coup-là, je te déshérite.
- Je la trouvais pas mal la petite robe verte = On retourne dans cette boutique ? Il me la faut !
- C'est pas mal ce top porté comme ça = Tu es superbe ma fille, je suis fière de toi.
- Tu es superbe ma fille = Qu'est-ce que c'est que ce look bizarre ?
- Mais si prends-le ! = Je te l'offre.
- Tu fais comme tu le sens / C'est toi qui vois = Je te préviens, je ne te l'offre pas.
- C'est d'un vulgaire = C'est super sexy mais je ne peux pas t'encourager dans cette voie-là.
- Oui, oui, c'est mignon = Bon, on change de boutique, j'en peux plus là.
- Tu n'en as pas déjà un comme ça ? = Arrête de dépenser, ça suffit pour aujourd'hui.
- Ça t'ennuie si je la prends aussi ? = Je t'annonce que je me l'achète aussi, en trois couleurs, et tu n'as pas intérêt à broncher.

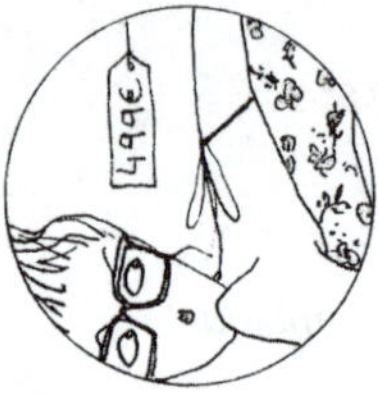

Mères de rêve

Parce que la mère de l'une est parfois le rêve de l'autre, quoique...

- La mère styliste : la garantie de tenues uniques sur mesure, ou d'un style épouvantable qu'il est interdit de remettre en question.

- La mère rédactrice de mode : la garantie d'être à la pointe de la tendance, ou d'en être dégoûtée à vie.

- La mère commerçante qui a sa boutique de fringues : la promesse d'un stock infini de vêtements, qu'ils nous plaisent ou non.

- La mère qui garde tout avec le plus grand soin : la promesse de récupérer de jolies pièces intactes, si un jour elle décide de s'en séparer.

- La mère star de cinéma : la promesse de soirées VIP et fringues de rêve assorties, et de ne la voir qu'entre deux tournages et trois soirées.

- La mère chef cuisinier : la promesse de délicieux repas service compris, et de moins délicieux kilos mal placés.

- La mère couturière : la garantie de retouches rapides et bien faites, et l'absence de renouvellement rapide de garde-robe.

- La mère banquier : l'assurance d'une autorisation de découvert... à la hauteur de nos relations avec elle.

- **La mère attachée de presse :** la promesse des soldes de presse… des marques qu'elle défend, pas forcément celles dont on a envie.

- **La mère organisatrice de soirées branchées :** la garantie d'un pass pour tous ses événements, et de devoir raser les murs pour draguer tranquillement.

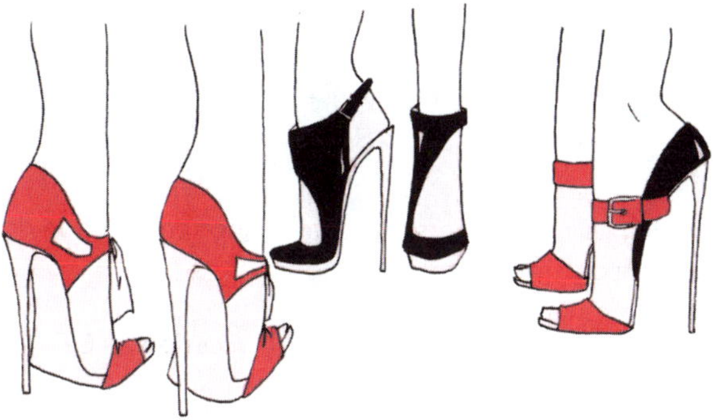

La mode et mes amies

La mode peut être une passion commune qui crée des amitiés, mais les défait aussi parfois...

Dix phrases pour brouiller les pistes

Quand une copine me demande où j'ai trouvé cette merveille, je ne vais quand même pas lui dire la vérité, il ne manquerait plus qu'elle s'achète la même...

Alors je raconte une version qui m'arrange en fonction de la personne que j'ai en face de moi...

- À une allergique à la fringue d'occasion : « Ça ? C'est vintage. »
- À une maniaque des marques : « Zara il y a deux ans. »
- À une shoppeuse avertie : « Mango, en soldes l'an dernier en Espagne. »
- À une casanière : « Oh, dans une petite boutique à New York, j'ai oublié l'adresse. »
- À une intrépide que rien n'arrête : « Dans une boutique qui faisait sa liquidation totale... Oui, elle est fermée depuis. »
- À une allergique aux nouvelles technologies : « Sur eBay. »
- À une trop curieuse : « C'est un cadeau de ma sœur. »
- À une business woman overbookée : « C'était une série limitée H&M, j'ai fait la queue deux heures et je crois qu'il n'y en a plus. »

À une flemmarde : « C'est du sur mesure, j'ai acheté le tissu dans le XVIIIe, le patron dans une petite boutique spécialisée dans le XIVe et je l'ai fait faire par ma couturière qui est à Poitiers. »

À une allergique à la poussière : « Dans une friperie, trois euros. »

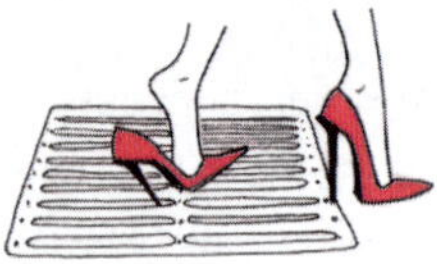

Pâle copie

Je voudrais bien que l'on m'explique pourquoi je ne suis jamais à la hauteur de mes amies les héroïnes de sitcom. J'exige des éclaircissements !

Quand Carrie assure et rédige son article en huit secondes à la fin de l'épisode de *Sex and the City*, après avoir vécu des tas de choses en rapport direct dans la journée, moi je ne vis rien du tout et je reste enfermée trois jours pour le terminer.

Quand Carrie, encore elle, met un tutu vert, des talons aiguilles argentés et trop de blush, elle a l'air d'une new-yorkaise branchée déjantée. Si j'adopte le même look, j'ai l'air de Cathy Bradepeau, provinciale fraîchement débarquée ignorant tout des codes de la hip'attitude parisienne.

Quand Carrie porte des talons aiguilles de douze centimètres, elle peut traverser New York à pied sans jamais faire la grimace ou trébucher, ni même regarder au sol pour éviter les obstacles éventuels. De mon côté, même dans la boutique je ne tiens pas sur de telles échasses, et si j'y arrive, je termine à l'hôpital cheville foulée avant la fin de la journée.

Quand Gaby fait son yoga sur la terrasse de sa maison de Wisteria Lane dans *Desperate Housewives*, elle reste superbe dans son jogging rose en peau de pêche qu'elle porte avec classe, n'a jamais la moindre grimace déformante sur son visage et se relève naturellement, sans difficulté aucune, quand elle a terminé. Pour peu que je décide de m'y mettre, j'enfile un vieux tee-shirt non assorti à mon pantalon car je ne sais plus où j'ai mis le joli ensemble, je ne ressemble déjà plus à rien, je me coince une jambe derrière la tête, hurle de douleur au troisième mouvement, rougis, goutte d'angoisse, et si j'arrive finalement à me redresser c'est en ayant oublié le sens du mot dignité.

Quand Gaby a une soirée, elle trouve en moins de cinq secondes la tenue idéale, une robe superbe qui lui va parfaitement et la pochette et les escarpins assortis. Quand j'ai une soirée, je mets deux jours à conceptualiser un look qui ne marche jamais au final, je me change quarante-deux fois et termine dans une robe insipide avec des escarpins et une pochette mal assortis.

Quand Bree prépare de délicieux muffins, toujours dans la même série, elle reste impeccable, son twin-set intact et sa coiffure plus sortie de chez le coiffeur tu meurs. Si je daigne me mettre aux fourneaux, je tache mon top en moins de trois minutes, mes cheveux finissent toujours dans le moule à cake, et le gâteau est toujours brûlé.

Quand Bree apprend une nouvelle atroce, elle a le visage qui se fige, mais elle garde toute dignité et continue à sourire avant de s'éclipser pour souffrir dans son coin. Si on m'annonce le quart du dixième de ce qu'on lui a appris, je me roule au sol en mettant du mascara partout et je termine aux urgences psychiatriques, joliment vêtue d'une camisole blanche.

Pirouettes pour briller dans les dîners

Quand on me complimente sur mes tenues, j'aime raconter des histoires : c'est quand même plus drôle de dire que… (Plutôt que d'avouer bêtement que…)

Ce top, c'est une petite créatrice japonaise, Yukumakista, comment ça tu ne connais pas ?

(Moi non plus : avant de le dégoter dans une petite boutique de quartier, j'ignorais totalement son existence, d'ailleurs c'est Yukumakista ou Yakumakista ?)

C'est une robe qui date de 1932, elle a appartenu à ma grand-mère qui la portait à la Libération, puis elle l'a donnée à ma mère qui l'avait en mai 68 sur les barricades, une grande saga familiale !

(En fait elle vient de la friperie d'à côté et elle doit dater au plus loin de 1987.)

Ma broche ? Je l'ai faite moi-même. Oui, c'est très facile tu sais, tu récupères des babioles dans les brocantes, de la superglu et hop.

(Je l'ai payée une fortune chez un jeune créateur qui fait de la récup.)

Mon Kelly ? Ah, c'est une affaire incroyable. Je l'ai trouvé chez Emmaüs : cent francs, oui, c'était l'époque où l'on trouvait encore de belles choses.

(Tu parles, je paie encore les traites du crédit revolving qui m'a permis de me l'offrir.)

Ce collier ? C'est ma petite-cousine qui me l'a fabriqué, elle est douée hein ?

(Celui-là, c'est moi qui l'ai fait, tellement de travers que j'aime autant qu'on pense que c'est l'œuvre géniale d'un enfant de quatre ans.)

Comment je fais pour marcher avec des talons aussi hauts ? Eh bien, c'est une question d'habitude !

(Je souffre atrocement, vite dites-moi qu'on va se mettre à table que je puisse les retirer discrètement.)

Mes cheveux ? S'ils sont si brillants, c'est grâce à une potion chinoise introuvable en Europe qu'une amie m'envoie régulièrement.

(Eau glacée et vinaigre blanc, un masque par semaine et un produit lissant brillant au quotidien.)

Oui je fais du 36, pourquoi ?

(Je suis passée au 40 depuis deux ans mais j'ai coupé toutes les étiquettes, aucune preuve ! Mouahahahahahaha !)

Oh, ma bague, c'est mon homme qui m'a fait une surprise l'autre jour.

(Après l'avoir harcelé pendant un an, laissé traîner des photos de la bague partout, il a fini par craquer.)

Un régime ? Tu plaisantes, je ne sais pas me priver, non, ça doit être mon jean.

(Deux mois que je n'ai pas vu l'ombre d'un gâteau ou d'un chocolat...)

Dix pieux mensonges

Parce que, contrairement à une croyance populaire, si on veut la garder, on ne peut pas tout dire à une amie.

— Non, c'est la robe qui est mal foutue, pas toi.

— Prends la taille au-dessus, c'est joli quand c'est un peu grand.

— Si tu te sens jolie dedans, c'est ce qui compte !

— Cette marque taille très très petit, c'est bien connu, d'ailleurs chez eux je prends du 42, t'imagines !

— Magnifique cette robe, quelle chouette trouvaille, on ne dirait pas du tout que tu l'as payée trois euros au marché.

— Non, c'est intéressant comme look, très recherché.

— Ce n'est pas qu'elle ne te va pas, au contraire, mais à quelle occasion pourras-tu la mettre ?

— Tu devrais en essayer d'autres avant de te décider.

— Ce sont les pois, ça fait toujours un effet loupe, il faut s'en méfier comme de la peste.

— Je t'aurais bien prêté ma robe Chanel adorée pour ta soirée mais elle est au pressing.

Qui shoppe avec moi ?

Il y a les amies avec qui on peut faire du shopping, et celles avec qui il vaut mieux aller boire un thé.

Sachez repérer l'ennemie :

- Elle vous complimente sans arrêt et trouve que vous avez un style génial. Vive l'objectivité, voilà comment on se retrouve avec un sarouel argenté.

- Elle déteste le shopping et se plaint au bout de trois boutiques : « Il est où le café ? » Cinq macarons et un thé plus tard, aucun achat mais la moitié du budget flambé.

- Elle aime Comptoir des cotonniers pour sa sobriété, vous Manoush pour son extravagance, elle aime Pimkie pour ses petits prix, vous Maje pour son style, bref, difficile de trouver un terrain d'entente.

- Elle est persuadée qu'elle peut vous faire aimer le jaune pisseux et la dentelle. Prise de tête garantie.

- Elle n'aime pas votre style et pense que vous devriez faire un relooking, pourquoi pas avec ses conseils d'ailleurs ? Et l'inverse, non ?

- Elle adore le shopping, surtout chez G20, quoique le marché c'est moins cher parfois. Hum, j'ai dit shopping, pas courses.

- Elle a un budget trente fois supérieur au vôtre – ou l'inverse. Trop culpabilisant pour l'une, trop frustrant pour l'autre.

- Elle veut un jean bleu brut slim. Vous allez passer la journée à la suivre pour qu'elle fasse son achat, pénible.

- Elle pense qu'avec cinquante euros elle peut se constituer une superbe garde-robe d'hiver. Plan course dans tous les stocks aux quatre coins de la ville garanti, avez-vous l'énergie ?

- Elle veut vous faire découvrir ce jeune créateur qui est aussi son ami. Et vous pensez vraiment que vous allez réussir à vous en tirer comme ça, sans acheter une de ses affreuses créations hors de prix ?

Les règles de la parfaite copine de shopping

La parfaite copine de shopping se tient à un code de conduite non dit et non écrit... jusqu'ici.

- De doublon tu ne commettras point, jamais une chose similaire à ton amie tu n'achèteras sans son accord écrit.
- Tes bonnes adresses tu donneras sans rechigner.
- Ta carte bleue tu prêteras en cas d'extrême urgence shoppinguistique.
- Interdiction tu donneras à ton amie d'acheter n'importe quoi.
- Ton véritable avis tu clameras, avec tact mais sans trop tourner autour du pot.
- Jamais tu ne laisseras ton humeur noire gâcher un samedi shopping.
- Enthousiaste tu seras, donneuse de leçons en aucun cas.
- Jamais tu n'encourageras un achat qui ne me va pas.
- Aux sirènes de la vendeuse jamais tu ne te rangeras.
- Ma taille tu iras chercher quitte à tuer pour la trouver.
- Pour plus tard tu noteras ce sur quoi j'ai craqué et à toute personne voulant me faire un cadeau tu passeras le message.

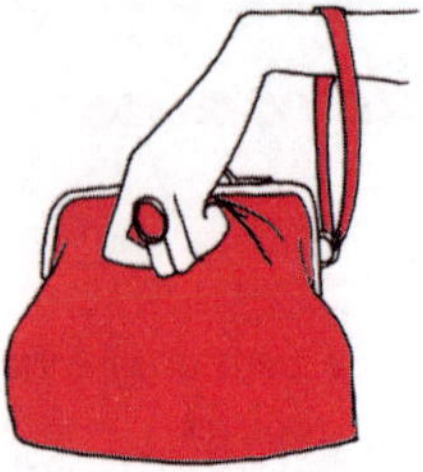

Les brainstormings

Le shopping demande une réflexion intense. Alors entre amies on brainstorme, on consortiumise, et on prend des décisions cruciales pour changer le monde.

Voici les thèmes de nos précédents débats (histoire de relever un peu le niveau) :

- Je prends la verte ou la bleue ?
- Combien de saisons durera la robe longue ?
- Quelle couleur donne bonne mine ?
- Le orange peut-il se porter avec du gris ?
- À quel point le rétro peut-il rentrer dans une garde-robe sans la rendre has been ?
- Quelle est l'influence du port du chapeau sur les hommes dans la rue ?
- Le sarouel donne-t-il dix kilos ou dix ans de plus ?
- La fourrure tient-elle vraiment plus chaud que la doudoune ?
- Comment être sexy sans être vulgaire ?
- Alors, la verte ou la bleue ?

Pour vous inscrire aux prochaines sessions des amies de la philosophie, veuillez remplir le formulaire à découper à la fin du livre.

Traduction simultanée

Quand votre amie vous dit… Il y a de bonnes chances qu'en réalité cela signifie…

C'est tellement toi cette robe = Je déteste.

Hum, pas trop ton genre = Pose tout de suite MA robe.

Elle tombe mal derrière = Elle te fait un gros c…

N'est-ce pas un peu trop sexy ? = Tu veux me piquer mon homme ou quoi ?

Je n'aime pas la matière = Elle fait cheap.

Je l'ai repérée la semaine dernière mais je n'ai pas eu le temps de l'essayer = C'est moi qui l'ai vue en premier, pas touche.

Tu veux que j'essaie pour que tu te rendes mieux compte ? = Sur moi ce sera mille fois mieux.

Elle sera bien si tu fais un ourlet, que tu enlèves les manches et que tu la teins = Elle est horrible.

Elle existe en noir ? = Elle te grossit.

Il y a d'autres couleurs ? = Je veux la même sans me fâcher avec toi.

Dix raisons de rompre une amitié sur-le-champ

Parce que la limite de l'acceptable existe.

- Elle a acheté les mêmes chaussures que vous, sans vous en parler avant. **(Oui, même après dix ans de dévouement amical.)**
- Elle a plus de trois paires de Louboutin et ne fait pas la même pointure que vous. **(Elle pourrait faire un effort d'adaptation cette garce.)**
- Suite à un régime, elle fait dix kilos de moins que vous pour cinq centimètres de plus. **(On n'a pas idée de vous faire ça !)**
- Elle vous offre un mixeur ou un yucca pour votre anniversaire. **(Et pourquoi pas un napperon en dentelle ?)**
- Elle trouve que votre robe préférée est has been. **(Honnête ? Non, machiavélique : qui va la récupérer au prochain tri ?)**
- Elle a accès aux soldes de presse de votre marque préférée et ne vous emmène pas. **(Motif de divorce immédiat.)**
- Vous êtes clouée au lit et elle va quand même faire du shopping parce que « Tu comprends, ce sont les soldes ! ». **(Ah non, l'égoïsme, c'est inexcusable.)**

- Elle prétend avoir vu cette robe avant vous. (Bientôt elle essaiera de vous faire croire qu'elle a vu votre homme avant vous, fuyez vite !)

- Elle vous a fait croire pendant des mois que le slim vous allait parfaitement. (Comment faire confiance à nouveau ?)

- Elle ne vous rend pas ce top que vous lui avez prêté. Pire, elle prétend ne jamais vous l'avoir emprunté. (Et bien sûr il est impossible que vous vous trompiez.)

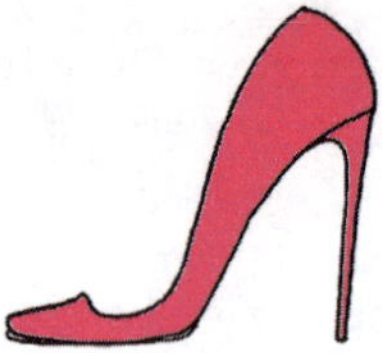

Mouton

J'ai beau tout faire pour me persuader (et la terre entière avec) que j'ai le fashion flair, que je suis différente et avant-gardiste…

Je suis bien obligée de me rendre à l'évidence : je suis un mouton.

Après avoir hurlé dès son arrivée dans les magazines que le slim était l'invention tordue d'un imbécile misogyne et que, bien sûr, ça n'irait jamais à personne, sans compter l'inconfort insensé de l'affaire, j'en ai porté un douze mois plus tard très exactement. Deux fois seulement. Mais j'ai quand même investi cinquante euros dans cette chose, convaincue que j'étais par le look génial de mon amie Marie.

Après avoir convaincu pendant deux ans toutes mes amies que les spartiates, ça n'est pas classe, ça fait vieux prêtre et qu'il ne manquerait plus que les chaussettes blanches de sport, qu'on avait quand même mieux à piquer à nos amis les Romains… j'en ai acheté une paire l'été dernier. Certes dorée. Certes féminine. Mais quand même.

Après avoir menacé ma meilleure amie de la déshériter pour son achat insensé, des Birkenstock, en argumentant que c'était réservé aux touristes nordiques masculins, j'ai eu si mal aux pieds l'été dernier que j'ai cédé aux sirènes des Birks. Je les ai portées une dizaine de fois, seulement les jours de chaleur extrême ou d'ampoules intenables. N'empêche que j'en ai une paire dans mon armoire !

- Après avoir dit que les imprimés fleuris sentaient la naphtaline et donnaient un look douteux – surtout les grandes fleurs parce qu'encore le liberty ça passe –, je viens d'investir dans une robe coup de foudre, blanc cassé à… tenez-vous bien… grosses fleurs.

- Après avoir juré que le vernis était réservé aux petites filles sages, que ça collait, que ça tenait trop chaud en été et que de toute façon je me tiendrais éloignée de toute personne osant porter des chaussures grinçantes, quand j'ai vu les magnifiques ballerines rouges de Sandrine, j'ai craqué. Et je les ai prises en bleu, en vert et en jaune, en ballerines et en escarpins.

Actuellement, je maudis le retour de l'épaulette et du jean neige. Je prétends que jamais, vous m'entendez jamais, on ne me verra ne serait-ce que fréquenter une personne ayant fait un choix si désastreux en termes de goût.

Dans six mois, j'exigerai du haut de ma silhouette de nageuse de l'Est et dans mon magnifique jean neige que l'on brûle chaque exemplaire de ce livre sur-le-champ. Vous êtes prévenus.

Tu veux jouer avec moi ?

Pour moi, la mode est un jeu.

Jeu de rôles que l'on prend en changeant de look, jeu de regards dans la rue, jeu de devinettes sur la provenance des vêtements et accessoires, jeu de débrouillardise pour trouver le mieux au meilleur prix...

Et si être une amoureuse du shopping et des fringues, c'était avant tout garder son âme de petite fille ?

- On fait des fashion caprices : « Je veux cette robe verte tout de suite ou je huuuuuurrrrlllllleee ! »
- On compose une tenue, comme on habillait ses jolies poupées en papier sur lesquelles on posait une robe, des chaussures, un sac... sauf que la poupée, c'est nous !
- S'il y a bien un truc que l'on fait encore en bande de copines en ricanant, c'est du shopping.
- Aux soldes, on pourrait presque tirer les cheveux de la vilaine méchante qui a pris le dernier 38.
- Chaque jour, on décide du personnage que l'on va jouer : la pin-up rigolote ? La vestale ? La hippie désabusée ? La jeune femme des années cinquante pleine d'espoir... ? Un peu comme on décidait si on allait être en Wonder Woman, en souris ou en chat pour mardi gras.
- C'est un peu le seul domaine où l'on se permet encore de se moquer bêtement quand on voit un raté dans la rue.

- Faire du shopping et s'offrir des fringues et accessoires, c'est un peu se faire des cadeaux de Noël toute l'année, le rêve de toute petite fille !

- L'excitation des soldes, et la potentialité de faire l'affaire du siècle, ressemble un peu à celle de la petite fille dans un grand magasin de jouets, à qui la mère dit : « Tu peux choisir ce que tu veux. »

- Et c'est aussi le moyen de revivre un peu chaque année le stress de la rentrée : que va-t-on porter dans la cour des grands cette saison ?

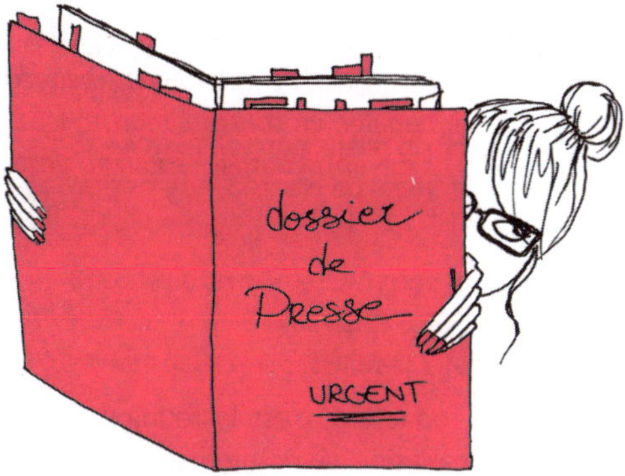

La mode et mon travail

Heureusement que la mode est devenue mon travail, sinon je l'aurais perdu depuis longtemps.

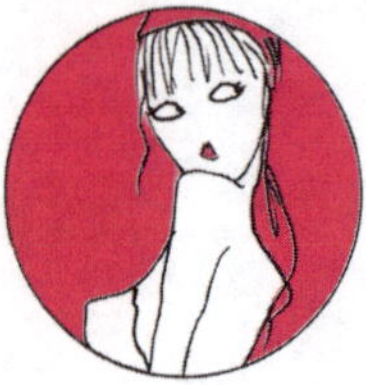

Ces situations sursapées

Le problème, quand on aime les fringues, c'est que l'on est souvent beaucoup trop habillée en toutes circonstances... Parfois c'est un avantage, souvent c'est un problème !

Conférence de rédaction

La conférence de rédaction, c'est la réunion de toutes les filles qui font le magazine. Avec bien sûr, pour la présider, la rédactrice en chef. L'occasion ou jamais de briller par ses idées. Mais aussi par sa tenue, jamais l'un sans l'autre. Dix jours de réflexion, deux samedis de shopping. Trois tenues potentielles. Toutes avec un thème différent : working woman, pin-up rétro, Birkin sur talons... Pour ça je ne manque jamais d'imagination. Et les idées ? Ah oui, les idées ! Viiite mon carnet mon stylo, plus que quarante-huit heures !

La fille normale : Passe dix jours sur ses idées et s'habille le matin comme ça lui vient.
Moralité : Qui a un look sympa mais ne sait pas quoi répondre quand on lui demande : « Ton idée est intéressante mais que veux-tu dire plus précisément par là ? » ?

Cocktail d'inauguration

Pour moi, le cocktail, c'est le moment idéal pour sortir les plus jolies robes, les escarpins les plus fous : ça ne dure pas longtemps, alors même pas peur d'avoir mal ! J'arrive donc en diva...

La fille normale : Pour elle c'est encore un truc qui va la faire rentrer plus tard à la maison. Elle y va en traînant ses Converse.
Moralité : Qui dépasse tout le monde de deux têtes et décline les invitations à dîner pour cause d'ampoules ?

Soirée organisée par une marque

Dès que j'entends le mot soirée je pense robe, paillettes, pochette, tenue de fête... Une semaine avant, je commence à penser à ma tenue, je fais du shopping ; la veille, j'achète une petite merveille parfaitement adaptée. Je la garde dans mon sac toute la journée pour me changer en partant. Dans mon XXL bag j'ai aussi une petite pochette et des escarpins vertigineux. Fiesta me voilà !

La fille normale : Elle se rafraîchit le make-up dans le métro et arrive comme tout le monde en tenue de boulot.
Moralité : Qui passe pour la plouc de service qui n'est jamais venue à une soirée de lancement de produit mais renouvelle son erreur chaque fois, comme le papillon qui se brûle sur la lampe ?

Présentation presse

En fonction du produit présenté, de la marque, des couleurs fétiches de celle-ci, je me concocte une tenue adaptée à l'événement. S'il y en a deux dans la même journée, je tente de trouver le meilleur compromis. Toujours en parfaite adéquation avec l'esthétique des marques.

La fille normale : Un tee-shirt, un jean, des Converse pour pouvoir courir de présentation en présentation.
Moralité : À qui l'attachée de presse vient dire : « C'est un hasard ou... », puis raconte des scoops inédits ? Il faut bien que le look ait des avantages de temps en temps !

Petit déjeuner brainstorming à 8 h 30 dans un grand hôtel

Je me lève à 6 h 02, histoire d'avoir le temps de me concocter une tête normale et un look adéquat. Je tente deux, trois tenues. J'opte finalement pour un look working woman super strict : vu le contexte – un grand hôtel – et l'heure, un look structuré s'impose, sinon ça fait « je sors de ma chambre en pyjama ». Je fais le brushing assorti. Déjà 8 h 25???

La fille normale : Elle enfile un top et un pantalon, des escarpins, et viiiiite elle attrape un métro.
Moralité : À votre avis, qui a l'air en retard et décalée ?

Friday wear

Chouette, c'est le moment ou jamais de m'habiller faussement négligé ! Je travaille dans ma tête pendant plusieurs jours mon look à la Jane Birkin un poil plus sophistiqué. Le jour J, mon jean est sale. Tout s'effondre. J'opte pour un pantalon à pont et une marinière, très dimanche à Deauville.

La fille normale : Un tee-shirt, un jean, des Converse.
Moralité : Qui semble n'avoir rien compris au concept de friday wear ?

Dictionnaire à l'intention des collègues de travail

À remettre à toute collègue novice en termes de mode... pour éviter toute forme de malentendu.

- Je ne fais pas de peep show, mais il m'arrive de porter des peep toe : escarpins avec une petite ouverture découvrant à peine deux orteils.

- Quand je parle de loose, ce n'est pas pour raconter que j'ai perdu, c'est généralement au sujet d'un tee-shirt loose : un tee-shirt tout mou, tout fin, qui se porte volontairement trop grand.

- Mais non je ne suis pas enceinte, je porte des babies : ballerines à bride autour de la cheville.

- Pas hit bag, it bag : un sac incontournable cette année.

- Je ne porte pas de moustache, je porte des must have : les pièces à avoir dans sa garde-robe cette saison.

- Je n'ai aucun flair, en revanche j'enfile volontiers un flare : un jean près du corps jusqu'aux cuisses, puis large plus bas.

- Je ne vois pas de rebouteux, je ne crois pas au maraboutage, en revanche je reboule parfois mon pantalon : je le roule négligemment.

- Je ne fais pas de politique, je porte fièrement mon keffieh parce que c'est un Balenciaga.

Je n'ai pas compensé en m'achetant des chaussures, j'ai acheté des compensées : ces chaussures rendues célèbres par Brigitte Bardot.

Non je ne parle pas du sexe de mon petit garçon, je disais que j'adore mes nouvelles chaussures, le modèle Zizi de Repetto, que portait déjà Gainsbourg à l'époque.

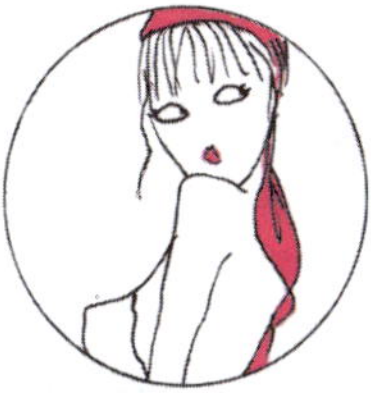

Dix bonnes raisons de se saper comme une déesse au quotidien

Quoi qu'il arrive, même pour rester travailler derrière son ordi à la maison…

- C'est toujours quand on est négligée pour sortir acheter le pain que l'on croise son ex, celui qui nous a lamentablement larguée.
- Un curieux phénomène prouvé scientifiquement (dans le cadre d'une étude scientifique très sérieuse menée sur un échantillon d'une personne) : on travaille plus efficacement habillée qu'en pyjama.
- Rester à la maison, c'est l'occasion ou jamais de tester cette nouvelle robe bustier : tient-elle ? Est-elle confortable ? Et ces escarpins ?
- Chez soi, on peut oser les tenues les plus folles : personne pour témoigner de notre grain.
- On ne sait jamais qui peut sonner à la porte.
- Ça remonte toujours le moral de se voir bien sapée ; plus l'humeur est noire, plus on en impose.
- Si on a oublié un rendez-vous, on gagnera un temps fou en étant déjà tirée à quatre épingles.

L'homme, pour qui l'on s'habille avec soin, ne comprend rien à la mode, ce serait quand même dommage qu'il n'y ait que lui qui profite de nos looks fantastiquement équilibrés, entre touche perso et air du temps.

Se sentir moche, il n'y a pas mieux pour vivre une journée de merde.

Quand on fait du shopping mal fringuée, tout paraît beau et on achète trop.

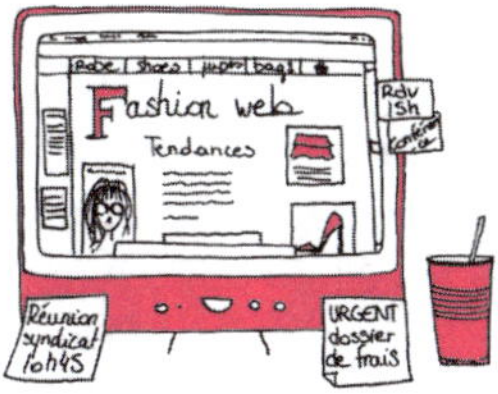

Les chaînes de mails

Au travail, il n'y a pas un jour sans chaîne de mails. Ça tombe bien, j'adore ça. Ça me change la vie... Si, si, grâce aux chaînes de mails :

- J'ai su bien à l'avance que msn allait devenir payant, j'ai tellement économisé dans cette perspective que je vais pouvoir m'acheter les Jimmy Choo dorées que j'ai vues dans la vitrine.

- J'ai arrêté de boire du Pepsi car je sais que ça débouche les canalisations, que le jambon s'autodétruit dedans et que donc mon estomac va se trouer (voire s'autodétruire comme le jambon). Et surtout, j'ai perdu trois kilos, je fais enfin du 36.

- De toute façon, je ne bois plus de boissons en canette car je pourrais attraper une maladie rare et dangereuse et en mourir. Si si, c'est ce qu'ils ont dit dans la chaîne de mails. Je continue à mincir. Objectif : avoir l'air mince en slim en cuir.

- J'ai loupé de belles opportunités de faire des affaires avec un prince sénégalais qui voulait me verser la moitié de son héritage familial (1 million de dollars, tout rond, ils ne s'encombrent pas de virgules dans la famille) parce que j'ai trop peur de donner mon numéro de compte, quelle trouillarde, ce qui ne m'a pas empêchée de fantasmer sur tous les sacs et les escarpins que j'aurais pu avoir pour cette somme et le dressing dans lequel j'aurais pu les ranger... C'est bon de rêver !

Je ne réponds plus au téléphone car on peut me demander d'appeler un numéro qui n'en finit pas puis me facturer des appels en Chine extérieure, en Ouzbékistan et à Hawaï. Au moins, j'ai les mains libres pour faire du shopping.

On m'a fait fantasmer aussi avec l'histoire de cette pauvre Mélodie Malson, une petite fille qui a une maladie incurable sur laquelle il faut faire de nouvelles recherches, et comme elle est rare, il faut recueillir des fonds. Depuis le temps, elle a toujours 5 ans, c'est la maladie de l'éternelle jeunesse qu'elle a attrapée ? C'est contagieux ? Il faut que je la contacte !

Ça fait cent trente-cinq fois que je reporte ma soirée Mumm car j'attends toujours ma caisse de douze bouteilles de champagne. Mes amis vont bien finir par se cotiser pour qu'on se la fasse, cette soirée open champ'...

Je fais le bien : j'ai participé à mille pétitions sur des problèmes dont personne n'a jamais entendu parler ni avant ni après. Peut-être que j'ai sauvé la planète ? Peut-être qu'on va m'offrir le prix Nobel de la paix... Zut ! qu'est-ce que je vais mettre le soir de la remise ?

J'ai accumulé cinquante-sept ans de malheur et je suis morte sept fois à cause de tous les mails gris-gris que je n'ai pas fait suivre. Youpi, je suis immortelle !!!

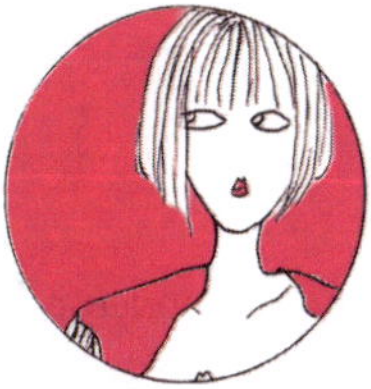

Réflexions désagréables

L'amour de la mode génère nombre de malentendus et de commentaires désobligeants de la part de collègues étonnées.

— « Tu vas à une soirée déguisée ? » Oui, et le thème c'est « Ridicule ».

— « Ce que tu peux être superficielle... » C'est vrai, parler de couches-culottes, c'est tellement plus profond !

— « Ah bon, le rouge, ça peut aller avec du rose ? » C'est du corail et du saumon.

— « T'as pas peur de te faire violer comme ça ? » Si si, c'est le but.

— « Qu'est-ce que c'est que cette robe de grand-mère ? » Ta grand-mère était pin-up ?

— « Il tient comment ton top ? » Par l'opération du Saint-Esprit.

— « C'est pas un peu trop décolleté pour la journée ? » Ah bon, il n'est pas 22 heures ? Zut, ce jet-lag me joue des tours...

— « J'espère que tu n'as pas payé ce truc une fortune !? » Naaaaan, seulement la moitié de mon salaire.

— « Tu sais qu'on voit des clients aujourd'hui ? » J'allais justement te poser la même question.

— « Tu ne trouves pas que tu en fais un peu trop ? » Si, justement je me disais que je devrais me cacher sous la table.

Petits aménagements pratiques pour modeuse travailleuse

À exiger de tout patron, parce qu'une modeuse le vaut bien.

- Proposer un tiroir à ballerines dans le bureau pour pouvoir les enfiler discrètement quand on souffre trop.
- Installer un distributeur de pansements anti-ampoules dans les toilettes des femmes, avec une chaise à côté.
- Offrir un service de pressing express en cas d'accident de déjeuner avec la sauce de la salade.
- Prendre un abonnement à tous les magazines de tendances, très important d'être au fait des nouveautés, de l'air du temps – oui, dans tous les domaines. Même la plomberie, parfaitement.
- Créer un espace détente avec masseurs et appareils magiques qui musclent sans fatiguer (eh oui, il faut pouvoir rester efficace ensuite).
- Faire fabriquer un fauteuil antifroisse, sur lequel on pourrait s'asseoir sans froisser sa jupe, même si elle est en lin.
- Organiser un relais d'information type AFP pour tenir au courant toutes les salariées des nouvelles acquisitions mode de chacune.
- Prévoir un pose-bracelet sur le bureau pour éviter le « cling cling » de la chose au moindre mouvement.

Offrir un service de taxis pour rentrer chez soi saine et sauve même en microjupe, même quand on a bouclé un dossier le soir tard.

Poser une moquette bien épaisse pour favoriser le confort des pieds malmenés par les talons.

Le code du travail de la modeuse

Quelques règles qui mériteraient d'exister :

- Instaurer un jour férié spécial premier jour des soldes.
- Interdire le laisser-aller vestimentaire et pénaliser le manque d'originalité du look.
- En conséquence, offrir une prime annuelle « Budget garde-robe ».
- Proposer des thèmes de look pour les réunions importantes.
- Récompenser le look du mois avec un bon d'achat conséquent.
- Proposer des sorties culturelles dans les défilés de mode via le comité d'entreprise, histoire de mettre tout le monde à niveau.
- Acheter en gros, toujours via le comité d'entreprise, des vêtements et accessoires de marques et les proposer à prix cadeau.
- Inventer, à l'instar du ticket-restaurant, le ticket-shopping.
- Prévoir une thalasso minceur comme voyage de fin d'année.
- Organiser un week-end incentive à Milan pendant les soldes.
- Proposer des stages de perfectionnement de style et les rendre obligatoires pour certains employés.

Raisons acceptables d'être en retard

À scotcher dans le bureau de tout patron.

Accident de talon : le talon cassé empêche la propriétaire de la chaussure de marcher, elle doit trouver le cordonnier le plus proche à cloche-pied, faire réparer d'urgence son talon, voire retourner chez elle chercher une autre paire de chaussures si son cordonnier est surchargé.
Retard possible estimé : une heure.

Jour de laverie : le jour de laverie, tous les vêtements sont sales, il est donc particulièrement difficile de se constituer une tenue correcte pour venir travailler.
Retard possible estimé : trente minutes.

Cheveux rebelles : il y a des jours comme ça où les cheveux refusent d'être coiffés, font des épis, ne tiennent pas dans une barrette, bref, des jours où le temps de coiffage dépassera considérablement le temps moyen alloué à cette activité.
Retard possible estimé : vingt-cinq minutes.

Urgence capillaire : parfois les cheveux semblent parfaits et à la dernière minute, juste avant de partir, ils se révèlent gras à la racine. Ces fourbes devront donc être lavés, ce qui n'était pas prévu sur le temps de préparation.
Retard possible estimé : trente-cinq minutes.

Drame de dressing : certains matins, il est impossible de retrouver ce fameux top rouge qui irait si bien avec notre tenue, il faut donc fouiller, s'énerver en essayant d'autres tops tous beaucoup moins bien assortis, puis opter pour une robe mais hésiter entre plusieurs paires de chaussures, paniquer en voyant qu'elle est tachée, etc., etc.

Retard possible estimé : entre une et deux heures.

Excroissance inopinée : en plein milieu du visage, paf ! une boule rouge luisante. On ne voit que ça. Il faut prendre des mesures d'urgence : nettoyage, camouflage qui, selon l'ampleur de la chose, peuvent grignoter un temps insensé.

Retard possible estimé : quinze à vingt minutes.

Accident de thé ou de café : quand le petit déjeuner est la dernière étape avant de partir travailler, le danger guette et parfois le café ou le thé se déverse sur un look concocté avec amour. Il faudra, le cas échéant, soigner la brûlure, puis trouver une autre tenue, ce qui n'est pas si aisé que cela en a l'air !

Retard possible estimé : quarante-cinq minutes.

Ralenti novateur : une nouvelle paire de chaussures, en particulier si elle est dotée de hauts talons, ralentit sa propriétaire d'environ 20 %, tout le monde n'en est pas conscient.

Retard possible estimé : entre dix et vingt-cinq minutes, selon la durée du trajet habituel à pied.

Embonpoint soudain : ne plus rentrer dans son jean est une expérience traumatisante. Quand cela arrive un matin sans que l'on s'y attende, le choc est d'autant plus rude. Conséquences : va-et-vient sur la balance, recherches sur le Net du régime idéal, essai de fringues en se trouvant énorme, gros moment de solitude, avant de finir tout en noir.

Retard possible estimé : plus de deux heures.

- **Filiformie hystérique :** à l'inverse, quand on flotte d'un seul coup dans son jean, ce sont les bonds de joie dans l'appartement, on ressort toutes ces fringues mises de côté pour le moment où enfin on pourrait à nouveau rentrer dedans, et ça marche, quel look choisir ? Trop de possibilités, trop de bonheur !

Retard possible estimé : trente à quarante minutes.

Gaffes mode à éviter

Les situations embarrassantes et les malentendus nuisent gravement à la carrière, consommez-les avec modération.

Être mieux habillée que sa chef.
Pire, porter des marques qu'elle ne se permet pas. (Elle sera en droit de se poser la question de la légitimité de votre présence à ses côtés...)

Arriver trop sexy à un entretien.
(Que cherchez-vous exactement comme job ?)

Porter des talons très hauts et dépasser sa chef d'une tête.
(Si vous voulez la dépasser il n'y a pas de message plus clair pour le lui faire comprendre... Ambiance...)

Avoir les mêmes chaussures que sa chef.
(Un pas de plus et c'est le même homme, elle vous écrasera avant d'en arriver là.)

Acheter après coup le même pull que sa collègue.
(Coups bas et autres plans sympathiques garantis.)

Posséder le même sac que votre voisine d'open space.
(Bonjour malentendus, quiproquos et autres mélanges des genres.)

Tenter un look un peu fou un jour de réunion.
(Blagues sur ce look à subir pendant des mois.)

Porter un must de la tendance avant qu'il ne soit démocratisé.
(Regards complaisants assurés.)

Métiers

Métiers d'avenir à faire approuver par la chambre de commerce.

Muse d'entreprise : consiste à s'habiller avec excellence et grande recherche chaque jour, et à passer la journée à la machine à café pour que chaque personne de la société s'inspire de vos looks, plus fous et élégants les uns que les autres.

Chaperon de shopping : consiste à empêcher la personne qui a commandé l'accompagnement d'acheter des choses qui ne lui correspondent pas ou ne la mettent pas en valeur.

Muse de quartier : même principe que la muse d'entreprise, mais celle-ci se promène dans la rue, est payée par la mairie pour faire perdurer le mythe de la Française élégante auprès des touristes et inspirer les riverains.

Prof de style : comme la prof de français, la prof de style enseigne une matière essentielle et obligatoire dès le primaire : le style et l'histoire de la mode. Elle peut également intervenir en entreprise lors de stages de look.

Créatrice de concepts adaptés à la vie féminine en entreprise : la créatrice de concept développe et met en œuvre des idées pour faciliter la vie des femmes sur leur lieu de travail.

Inspectrice de look : elle vient à l'improviste dans les entreprises pour récompenser les meilleurs looks avec des bons d'achats de boutiques de rêve.

Relookeuse de rue : financée également par la mairie, elle prend en main les personnes au look fade ou inexistant et les aide à trouver leur style.

Gourou de boutique : c'est la personne la plus neutre et la plus objective du monde, à qui l'on peut demander en sortant de la cabine : « Alors ? » Son verdict est sans appel.

Porteur de rue : garçon musclé, fort bien de sa personne, proposant ses services pour porter tout shopping trop lourd.

Gambadeur pédestre : jeune homme se promenant dans les rues avec un stock de tongs, ballerines, baskets, bottes de pluie, dans toutes les tailles, pour venir au secours de toute personne en détresse de pieds (douleur, froid, humidité...).

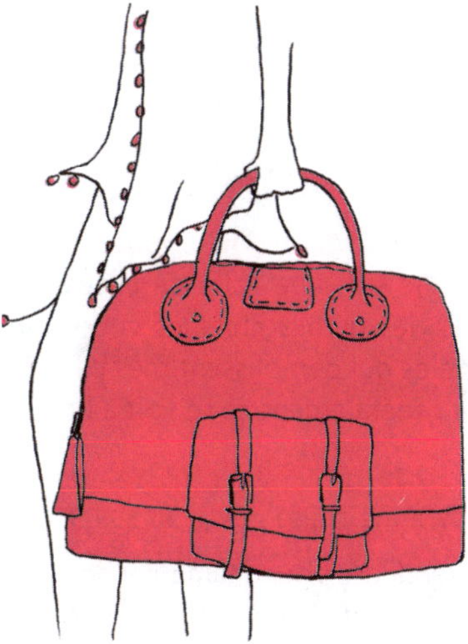

La mode et mon quotidien

Quand on aime la mode, elle a un peu tendance à changer le quotidien... Mode métro boulot ?

La vie qui va avec mes chaussures... n'est pas la mienne.

C'est ce dont je me suis rendu compte il y a, j'avoue, très peu de temps. Je suis une folle de chaussures. J'adore les talons aiguilles, les détails chic, les coupes irréprochables, tous ces modèles qui démolissent mes pauvres pieds... Et le pire, c'est que généralement ça se voit à l'œil nu...

Pourtant, à mes pieds, dans la boutique, les fourbes se comportent bien. Même sur le long quart d'heure que m'accorde la vendeuse pour déambuler dans ses vingt mètres carrés. Non, vraiment, elles ont l'air innocentes, même si je sais très bien, juste en les observant un peu, qu'elles ne peuvent qu'être horriblement douloureuses.

Je tends ma carte bleue et le regrette déjà deux cents mètres plus loin, quand elles m'agressent par surprise. Pourquoi est-ce qu'elles attendent d'être sorties de la boutique pour se jeter sur mon pauvre pied ? Ont-elles, comme les animaux à la SPA, envie d'être adoptées ? En tout cas elles me font le même effet que les yeux suppliants des petits chats dans leurs cages... Irrésistible !

Puisque les chaussures Jonak, André et autres marques pas cher font mal, pourquoi ne pas investir un peu plus et avoir de belles chaussures confortables, me dis-je un matin de grande inspiration.

Je file aux Galeries et boude tous les modèles à moins de deux cents euros. J'investis, me dis-je. Pour mes pauvres pieds. Et puis ça me fera économiser des pansements.

Même système, j'essaie, je tourne, je marche, je fais des rondes, même pas mal. Le scénario se répète. Pas deux cents mètres plus loin. Deux jours plus tard. Les chaussures de luxe sont encore plus fourbes que les autres. Et plus fragiles aussi. Je constate qu'il y a déjà des traces indélébiles sur l'avant du pied.

Forcément, m'explique une copine avisée, elles ne sont pas faites pour la vie que tu mènes. Ce sont des chaussures pour filer à une soirée chic en taxi, pas pour passer la journée en métro. Sur le coup je lui ai dit qu'elle racontait n'importe quoi, qu'il n'y avait pas de vie adaptée ou pas à des chaussures...

Mais au fond je savais bien qu'elle avait raison. Il fallait que j'arrête d'acheter des splendeurs sur huit centimètres. C'est beau à voir, mais ça ne sert à rien. En avoir deux paires suffit amplement. Petit à petit, je rectifie le tir et m'empêche de craquer sur n'importe quoi...

Dernier achat en date : des Repetto. Il y a du progrès !

Réveil matinal

Qu'est-ce qui fait que ce jour-là le réveil ne sonne pas, la machine à café explose, l'eau chaude est en panne, le bus en avance et moi en retard ?
Tentons de rester rationnels et analysons les faits :

Si le réveil ne sonne pas, c'est que la personne qui aurait dû le régler correctement et vérifier trois fois plutôt qu'une qu'il fonctionnait avait déjà une motivation toute relative quant au fait de s'extirper à l'aube d'un sommeil réparateur.

Dans un état d'épuisement avancé, cette personne, appelons-la C. (je préfère rester anonyme), pourrait d'un geste maladroit avoir mis de travers le bidule à expresso dans la machine, qui du coup aurait de bonnes raisons d'exploser.

Les yeux mal ouverts encore, le manque de caféine aidant, C. aurait confondu le robinet d'eau chaude avec celui de l'eau froide (voire l'évier avec la douche), ce qui expliquerait pourquoi l'eau s'obstine à rester gelée.

Frigorifiée, elle se serait couverte de plusieurs épaisseurs de vêtements d'hiver, choisis au hasard faute de temps, malgré la saison printanière avancée.

De loin, le bus, voyant un énergumène ressemblant au Yéti courir dans sa direction, aurait pris peur et accéléré, d'où son avance et mon retard. Pure logique.

Heureusement que je n'ai pas de réveil, que je ne bois pas de café et que je ne vais pas au bureau à des heures indécentes en bus car c'est ce qui m'arriverait tous les jours.

Bricolgirl : poser des étagères, mode d'emploi

Je dois poser des étagères dans ma chambre : oui, quand on possède beaucoup de fringues, il faut bien les ranger.

Après un brainstorming intense sur le thème de « Qu'est-ce que je mets pour bricoler ? » et quelques dizaines de minutes d'hésitation, je me dis : « C'est maintenant ou jamais. »

J'emprunte la boîte à outils de ma voisine (qui, elle, sait faire la différence entre une cheville et une vis).

En ouvrant la porte, ça commence bien : je lâche la boîte de deux tonnes sur mes ex-jolis orteils. Je sors les planches, fraîchement achetées il y a six mois, du sac : bonne nouvelle, j'ai pris (par quel miracle ?) la bonne taille.

Confiante, je sors les équerres. Les trous déjà existants se rebellent et changent de place. Les trous dans le mur, ça n'aime pas les vis (à moins que ce ne soit moi qui aie mal mesuré mais cette hypothèse me semble impensable).

Ma colocataire, réveillée par mon boucan (P... de mur à la c..., etc.), me tend un truc encore plus bruyant que moi (une perceuse, pour les connaisseurs).

Je tiens la chose perpendiculaire au mur et obtiens un magnifique trou, puis j'essaie de mettre le machin en plastique dedans. Ça ne rentre pas.

Je n'aime pas les objets rebelles. « Tu vas voir ce qui arrive quand on ne m'obéit pas espèce de bout de plastique minable », paf ! un coup de marteau en pleine tête, la chose s'écrase lamentablement.

Ma colocataire suggère d'essayer de mettre un machin plus gros dans la perceuse. Je retroue le trou.

Où avais-je donc la tête? Avec un trou de la bonne taille, la chose en plastique n'a plus de revendication d'indépendance.

Ça marche. Obnubilée par mon succès, je continue à trouer le mur, les équerres sont en place, je les visse, il n'y a plus qu'à poser les planches dessus.

Comment ça il faut d'abord fixer les équerres sur les planches? On ne me dit rien dans cette maison... Après maintes tentatives de vissage de planches à l'envers, la tête en bas avec un cruciforme qui ne correspond pas à la tête de la vis, je range la boîte à outils.

Abandonner? Jamais. J'ouvre le tiroir de mon bureau et sors l'arme fatale : le tube de Superglu 3.

Ma colocataire dit que ça ne va pas tenir, je lui dis qu'elle n'a pas le droit d'être si négative et que si elle continue à mettre de mauvaises ondes dans la pièce je vais lui montrer si la glu ça ne tient pas. Elle se tait.

Je colle mes étagères et bizarrement elles décident de léviter au-dessus des équerres, juste pour me contrarier. C'était mal me connaître. Je pose quatre dictionnaires par étage (je viens de comprendre l'utilité des encyclopédies en vingt volumes dans les familles d'analphabètes). La glu colle. Les étagères tiennent. Victoire par K-O. Jusqu'au jour où...

Mais ce jour-là j'aurai déménagé depuis longtemps. Enfin j'espère. En attendant, je suis fière de mes belles étagères super bien posées... de travers?

Non, c'est le sol qui n'est pas droit. Ah, ces appartements anciens! Je suis bricolwoman. La force est avec moi.

Vous avez des étagères à poser chez vous? Comment ça, non? Comment ça, le bricolage ce n'est pas pour moi?

Vous ne pouvez pas être du même avis que le vendeur du Temple de la Bricole qui a cru pouvoir mesurer mon niveau d'incompétence bricolesque proportionnellement à la hauteur de mes talons aiguilles. Si?

Mon dressing

Je pourrais monter une université du savoir modesque, entre mes théories stylistiques, mes mathématiques shoppinguistiques et maintenant mon étude géotechnique de l'armoire !

Module 1, première année : étude des couches de vêtements dans un dressing parisien.

Vous êtes-vous penchée récemment sur les couches de vêtements de votre placard ?

Sauriez-vous dire quel âge a votre vêtement le plus ancien, par exemple ?

Ou quel pourcentage de votre garde-robe a plus de deux ans ? Moi non plus.

En grattant au plus profond des couches de mon armoire, j'ai pu effectuer une découpe pour vérifier l'épaisseur des couches, la voici : une seule pièce a dix ans. Je crois que c'est la pièce la plus ancienne de ma garde-robe. Une robe bien plus âgée encore car elle a appartenu à ma mère pendant quinze ans avant de rejoindre mon armoire. Une pièce qui se garde donc, puisque c'est une élégante petite robe noire parfaitement coupée.

La couche que l'on trouve juste au-dessus, entre sept et dix ans d'âge, contient peu de vêtements : un manteau noir Vanessa Bruno, une veste bleu marine classique et bien coupée, un blouson en cuir noir et c'est à peu près tout.

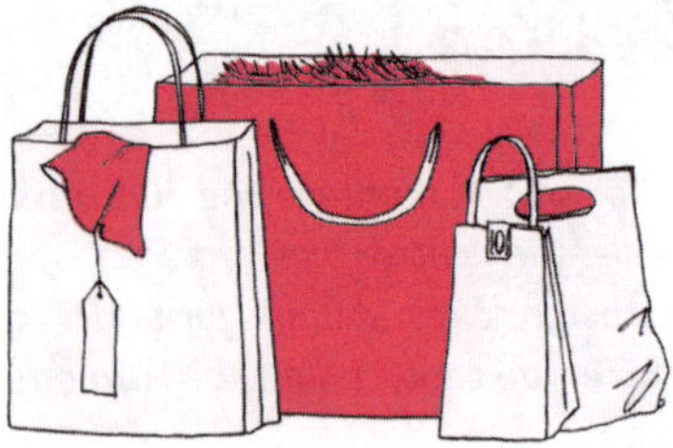

On arrive ensuite à légèrement plus épais : les vêtements dans mon dressing depuis le début du siècle (dit comme ça on pourrait penser à du vintage !) sont au nombre d'une douzaine, un polo Ralph Lauren jaune, un gilet long et fin saumon, un pull au V profond blanc cassé, une paire de bottes noires Vanessa Bruno.

La couche deux à cinq ans d'âge est principalement constituée de pantalons trop petits actuellement dans un sac estampillé « À donner » et de petits tops à bretelles en soie, ma grande lubie de ces années-là : un jean, un gilet et un débardeur en soie et hop ! j'étais habillée, ils sont toujours parfaits sauf un de mes Zadig dont la dentelle est arrachée (vive la qualité à cent quatre-vingt-dix euros les cent grammes... payé quatre-vingt-dix, mais quand même !).

Entre un et deux ans : la couche principale pour les chaussures : bottes APC, escarpins Chanel, escarpins open toe Zara, escarpins Jonak...

La couche supérieure de moins d'un an est la plus épaisse. Des robes, des robes et des robes, je suis si heureuse depuis qu'on en trouve enfin des jolies en boutique (quand ça n'est pas la mode, allez trouver une jolie robe !), des manteaux, des manteaux, des manteaux, des manteaux, des trenchs.

Et cette couche superficielle est malgré tout bien concentrée en éléments de moins de six mois (plus de 50 %), ce qui signifie que soit j'ai enfin trouvé mon style et je me lâche (ce qui est assez vrai), soit j'achète des choses qui ne durent pas (mauvaise qualité ? Vite lassée ? Les deux je crois).

Bilan de la qualité du terrain : très instable, la couche supérieure étant beaucoup plus lourde.

Solution à court terme : freiner les achats coup de cœur et s'orienter vers des basiques plus atemporels et de meilleure qualité.

Solution à long terme : gagner au Loto... quoique bizarrement il y a aussi pas mal de Jonak et de Zara dans les couches anciennes (mais rien d'H&M, où j'ai l'impression de passer ma vie – et mon salaire – pourtant).

Ou bien : continuer à avoir une garde-robe éphémère avec quelques pièces qui restent parce que finalement je me lasse très vite. Alors n'est-ce pas la meilleure solution ?

Les périodes de ventes presse…

Je ne me lève à l'aube et n'accepte de mettre mon réveil que pour de très bonnes raisons.

En fait, seulement deux choses peuvent me tirer de ma couette avant 8 heures : un départ en vacances et une vente presse.

Alors quand le réveil a sonné ce matin, je savais que quelque chose de bon se tramait.

Un thé et une biscotte plus tard, je me suis souvenue que je ne partais pas à Marrakech mais simplement à une vente multimarques. J'ai retenu une vague de déception en me penchant plus en détail sur le carton d'invitation. Les mots Prada et Gucci m'ont bizarrement tout de suite remonté le moral.

Au vu de la file d'attente, **je n'étais manifestement pas la seule à être au courant…**

Quel scandale ! Cette vente privée est beaucoup trop publique à mon goût. J'ai pensé brandir ma carte de presse pour griller toutes ces voleuses de bonnes affaires. À la réflexion, il devait y avoir un bon 80 % de journalistes dans la queue. Manœuvre inutile.

Une demi-heure plus tard, me voilà dans ce temple de la tentation. Je pose le regard sur un top, une camée de la mode me l'arrache des yeux en hurlant qu'elle l'a vu avant.

M'en fous, j'en voulais pas de ce truc moche. Je me faufile, saute par-dessus les tas de fringues abandonnées, et traque l'affaire du siècle tel le tigre avec sa proie (prête à bondir en cas d'attaque).

Il est là, je l'ai vu, je le veux.

Je lance un regard circulaire menaçant et attrape discrètement l'objet de ma convoitise. Ça y est, je suis amoureuse.

Le top de mes rêves.

Dont je n'ai pourtant jamais rêvé jusqu'à la seconde précédente. Maintenant que je l'ai, je ne le lâche plus. Elles le veulent toutes depuis qu'il est sur moi. Sur son cintre, elles n'avaient pas réalisé à quel point il était parfait. Je fonce à la caisse avant de me faire attaquer.

Youpiiiiiii ! J'ai vaincu.

Cent quarante-cinq euros ? Ah ? Tant que ça ?

Oui mais il valait six cents... Hum... Je jette un coup d'œil derrière moi. Vingt-cinq regards pleins d'espoir. Hors de question de déclarer forfait. Je paie victorieuse et lance un regard dédaigneux aux vautours qui attendaient que je laisse tomber mon top. Nan mais !

Les lendemains de soldes

C'est comme un lendemain de fête.

Fauchée. Épuisée. Des maux de tête délirants dus à une activité cérébrale trop intense : à la réflexion habituelle s'ajoute un kaléidoscope automatique passant en revue toutes les combinaisons possibles entre ma garde-robe de base et mes nouveaux achats. Vite, de l'aspirine !

C'est aussi le moment de tous les regrets.

La mine de mourante que me fait ce top valait-elle vraiment les cent cinquante euros déboursés ? N'aurais-je pas plutôt dû prendre cette robe verte qui m'allait si bien ? Les fausses promesses que je me suis faites : ok j'achète ce pantalon, mais j'en vends deux vieux sur eBay. Seulement, mon unique pantalon bankable, j'y tiens. Les autres ne feraient pas plus de cinq euros aux enchères, alors à quoi bon ?

Non, un lendemain de soldes n'est vraiment pas un jour comme un autre.

C'est le moment où j'affronte la dure réalité. Avec un recul effrayant, j'ouvre les yeux sur mon atroce addiction : je ne suis pas plus capable de me limiter à un verre en soirée que de ne pas acheter plus d'un top en solderie.

Et je suis déjà en train de me demander quand sera la prochaine vente. Tiens, c'est La Perla.

Tout en me jurant de ne pas y mettre les pieds. La Perla quand même... Tout en sachant très bien que j'y serai à la première heure. Tout en étant parfaitement consciente du fait que plus j'y vais, moins j'ai de chances de me lever un matin pour partir en vacances à l'autre bout du monde.

Cela dit, à quoi bon partir au soleil sans un nouveau maillot de bain La Perla ?

Mon portable sonne.

Quelqu'un pour me sortir de cette sinistre léthargie ? Quelqu'un pense à moi ? Super. Je vais déjà un peu mieux.

C'est mon banquier. Je retire ce que j'ai dit.

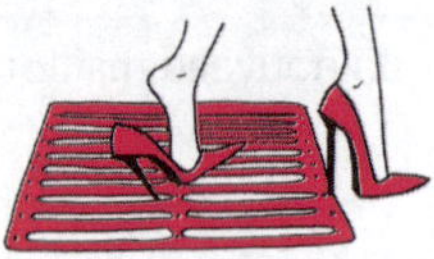

Balades au vert

Je ne faisais même pas de shopping.

Je n'étais absolument à l'affût de rien. Je ne cherchais pas particulièrement à entrer en contact visuel avec un bien de consommation quelconque. J'étais simplement dans un parc.

Oui mais voilà, en plein Paris, un parc peut cacher un magasin de chaussures...

Elles étaient là. Dans la vitrine. La seule vitrine intéressante du parc.

Et il a fallu que je passe devant. Que je passe devant en regardant dedans. Bien sûr, quand je suis passée devant le magasin de médailles militaires, j'ai préféré regarder les feuilles des arbres. Mesurer leur pousse. Admirer la verdure. Mais l'appel des chaussures a été plus fort que celui du lierre. Deux petits bijoux d'un blanc immaculé. Légèrement ouvertes devant, comme j'aime. Un talon de sept centimètres. Assez haut pour être joli. Assez bas pour être mettable.

La perfection qui me nargue du coin de la boutique.

Non, je n'entrerai pas.

Non, je ne demanderai pas le prix à la dame. Elles sont forcément trop chères. Forcément, puisque je suis déjà à découvert. Et que le mois ne fait que commencer. Malédiction.
––––– Madaaaaame ?

Non rien, pardon, j'avais cru voir quelque chose qui me plaisait mais non.

De près finalement non. Tu parles. La perfection. Des chaussures sublimissimes. Pires de près. Mais j'ai fait un bilan dans ma petite tête de pioche : j'ai quinze paires de chaussures dont neuf d'été. Un ratio qui penche déjà du mauvais côté pour une Parisienne qui sort plus souvent ses ballerines noires que ses sandales roses. Pas la peine donc d'en rajouter.

Seulement voilà, je préfère les chaussures d'été.

Rien à faire, plus c'est aéré et plus je trouve ça joli. Chéri, on part vivre à Marrakech ? Quoique, là-bas il ne doit pas y avoir des masses de boutiques de chaussures dans les jardins...

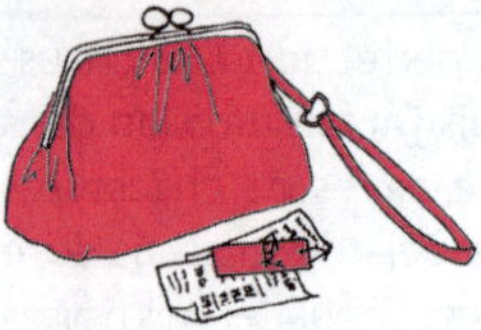

Changement de saison

Au printemps, les fleurs bourgeonnent, les papillons papillonnent et surtout je n'ai plus rien à me mettre.

Avez-vous remarqué à quel point le changement de saison est une période critique niveau look ?

Une période de questionnements existentiels intenses du type : vaut-il mieux adopter d'emblée le débardeur et la liquette légère en gardant sa grosse fourrure jusqu'à l'arrivée des vraies températures vivables ? Ou bien virer sa peau de Yéti pour s'alléger en se condamnant à garder encore des pulls à col roulé ? Cruel dilemme.

Une période de remise en question terrible :

Qui suis-je en cette saison ?

Quelle mode adopter ?

Marinière ou broderie anglaise ?

Spartiates ou compensées ?

Rock ou rétro ?

Short ou bermuda ?

Tant que je n'ai pas pris ces décisions cruciales, je n'ai vraiment rien à me mettre.

D'autant que dans mon armoire, c'est Tchernobyl : j'ai voulu faire un tri, il n'y a plus que le vide.

Mes vêtements de l'année dernière sont tellement has been que j'ose à peine les refiler à ma petite sœur. Mes fringues d'hiver me sortent tellement par les yeux que, malgré la température limite glacière, je m'évertue à porter quasi quotidiennement mon premier et unique investissement printemps-été : une robe Isabel Marant blanche en coton.

Heureusement, j'ai un gros gilet en laine de yack épargné par *ELLE* qui l'autorise assorti à une petite robe légère.

Heureusement, j'ai aussi, grâce à *Vogue*, la permission de garder mes bottes APC tout l'été si le climat le permet (à Paris, il y a des chances). Donc je ne vais pas mourir de froid tout de suite. Tant mieux, me direz-vous.

Quoique, quelle belle mort que martyre de la mode !

Adulée par Karl Lagerfeld pour l'éternité, si ce n'est pas un rêve de journaliste de la presse féminine, ça ? Mais revenons-en au problème essentiel : les cintres vides du printemps. Oui, je sais, c'est scandaleux. Des enfants meurent de faim, des bourgeons bourgeonnent et moi je ne pense qu'à m'acheter une nouvelle garde-robe. Seulement voilà, tous les matins, ce spectacle de désolation dans mon placard, ça me fait mal au cœur. Alors, scandaleux ou pas, je n'aurai qu'un cri : « Vivement les soldes de presse ! »

Déménagement

Quand on est une fille et que l'on déménage, c'est l'horreur. Où mettre tous les vêtements sans les froisser ? Comment survivre dans les cartons ?

Quelques idées façon « Guide du déménageur glamour ».

La tenue de combat

« Mets un vieux truc confortable qui ne craint rien », m'ont conseillé des âmes bien intentionnées. Deux problèmes essentiels se posent :

1. Je déteste les vêtements qui ne craignent rien car ils riment avec « moche » et, au final, je ne ressemble à rien... Qu'est-ce que ça peut bien faire ? J'emménage avec mon homme, il peut encore changer d'avis !

2. Même en passant outre ce premier souci, puisque je déteste ça, je n'en possède pas, je ne vais quand même pas aller faire une virée shopping pourri pour m'habiller une journée !

Ma solution : des fringues rock. C'est fashion, c'est joli, et un trou ou une tache de plus ne peuvent que faire plus rock-grungy.

L'emballage

« Commence plusieurs jours à l'avance », disent les gens sensés. Seulement, qui a envie de vivre plusieurs jours dans les cartons ? Et de passer par des épisodes épiques du genre « Mais où est mon chargeur de portable », avant de devoir tout défaire ?... Très peu pour moi.

Ma solution : commencer cinq heures avant le transport. Bien sûr, l'idéal étant qu'il intervienne aux environs de 16 heures. Réunir trois, quatre copines sympas.

Faire un thé avec des macarons et emballer joyeusement en commentant : « Oh, il est joli ce pull ! » « Je ne l'ai pas porté depuis 1997, prends-le si tu veux » (et hop un truc de moins à emporter) ;

en réfléchissant : « Mais qu'est-ce que tu fais avec tous les numéros de *ELLE* depuis 1999 ? » « Bonne question... Allô ? Les encombrants ? » ;

en se remémorant : « Oh, on écoute ce CD, la chanson six, tu sais quand on mangeait des gaufres au chocolat » ;

et à la dernière minute, fourrer tout dans les cartons un peu au hasard en notant juste la pièce d'où ils viennent.

Le transport

« Demande à des amis musclés de t'aider », conseillent en toute logique les sédentaires. Là encore, deux problèmes se posent :

1. Les nomades savent qu'au bout d'un moment leurs amis plus sédentaires se lassent de leur instabilité. « Euh, j'ai piscine », « Je suis en voyage de presse »...

2. Nos amis sont plus prompts à se rendre au théâtre qu'en salle de sport... Ils peuvent au choix vous jouer toutes les symphonies que la musique classique comporte, vous réciter les plus beaux poèmes anglophones, vous expliquer la physique quantique, prévoir les tendances jusqu'en 2010, mais porter un carton, c'est une autre histoire...

Ma solution : économiser un peu (= entrer plus volontiers chez Zara que chez Prada pendant quelques mois) et payer des pros qui font des prix lights (j'en ai eu pour trois cents euros, pour dix mètres cubes, ceux qui veulent le numéro, demandez !). C'est vite fait, bien fait et ça vous évite d'envoyer vos amis chez l'ostéo pour mal de dos chronique, ou de ruiner leur carrière d'altiste.

Le déballage

« Fais-le au fur et à mesure, attends de savoir ce que tu vas ranger et où », proposent les gens dotés de raison. Seulement, dans mon nouveau décor tout beau tout prêt, j'ai encore moins envie de laisser traîner des cartons.

Ma solution : appeler les encombrants avant même d'avoir posé le premier carton dans l'appartement. Ils viennent le lendemain, ça laisse tout le temps de les vider.

Encore une fois, convoquer les copines, surtout les férues de déco, et répartir les tâches :

celle qui fait de bons petits plats dans la cuisine – elle saura agencer au mieux,

la modeuse dans le dressing,

la beauty addict dans la salle de bains,

la littéraire dans le salon, la cinéphile dans le coin TV, etc.

Et l'homme ? Où le met-on ? On le charge de faire tout ce qui est branchements : ordi, hi-fi, machine à laver...

Avec cette méthode, tout est plié vite et bien, et au bout d'à peine trois heures, on a l'impression que vous vivez là depuis dix ans !

Repassage dangereux

Mon fer à repasser, je ne l'aime pas beaucoup.

Seulement je ne peux pas porter mes vêtements froissés. Alors j'en possède un que je sors le moins souvent possible. Si je sors la bête, il peut y avoir des morts. Alors je laisse le monstre dormir au fond du placard.

Pourtant, lundi, le tas de linge à repasser a dépassé le niveau de mon nombril, c'est gênant. Mardi, il a dépassé mon épaule, bonjour l'angoisse. Mais c'est seulement aujourd'hui, quand il est arrivé au-dessus de mes yeux, que je me suis résignée...

Chaque fois que je prends cette chose dans mes mains, il arrive une catastrophe.

Comprenez mon appréhension. Et mon retard. Comment ne pas remettre à demain le massacre que je pourrais faire aujourd'hui ? C'est ce que je me suis dit tous les jours, jusqu'à ce que je n'aie plus rien à me mettre. Alors m'y voilà.

En ouvrant la table à repasser, déjà je me coince un doigt.

Ça ne me met pas de bonne humeur pour aborder le tas, que je renverse allègrement dans tout l'appart en le rapprochant de la table. Pourquoi n'avoir pas fait l'inverse ? Je t'en pose des questions ?

Le bulldog qui est en moi a comme une envie de mordre.

Je veux mettre de la vapeur, le réservoir est vide. Je débranche le fer, et je verse de l'eau dedans.

Pour éviter d'en mettre partout, je tiens le fer des deux côtés. Et le fourbe me brûle. Pas fort, mais quand même !

Je rebranche le traître et commence à repasser ma tunique blanche brodée. La pièce la plus pénible, mais la plus belle. Une tache a manifestement résisté au lavage. Une trace même. Une traînée maronnasse qui ne me dit rien de bon.

À rajouter au tas « pressing ».

Je repasse une serviette rose. Elle aussi est pleine de traces marron. Aurais-je un problème de machine à laver ? Je commence à stresser. Je fonce dans la cuisine, j'ouvre la machine, aucune rouille.

Bon, ça ne vient pas de là. J'inspecte le tas de linge à repasser. Rien. Bizarre.

Je relève la tête et là, je vois l'affreux coupable. Mon fer n'est plus gris, il est marronnasse. L'eau l'a fait rouiller. J'apprendrai par la suite qu'il fallait de l'eau spéciale fer à repasser qui s'achète dans un rayon du Shopi que je ne fréquente pas beaucoup...

Bilan de l'opération : un tas de linge toujours aussi impressionnant et cent vingt euros de tunique, serviette et fer à remplacer, de quoi payer douze heures de repassage. Le premier qui m'accuse d'employer une femme de ménage par flemme, je lui repasse sa chemise.

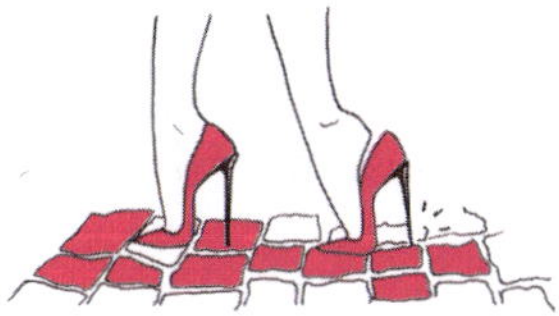

Dix tortures quotidiennes

Pour l'amour de la mode, je souffre, et pas qu'un peu...

- Le orange est tendance, ça ne me va pas, tant pis, je passe trente minutes à me faire le super make-up qui va bien.
- Ma pointure, c'est 40. Aux soldes de presse Barbara Bui, mes compensées chéries n'étaient qu'en 39 et demi. Quarante-cinq ampoules plus tard, je les porte envers et contre tout.
- Le sac XXL, c'est superbe, mais ça pèse une tonne, mon bras peut vous le dire, surtout la trace rouge qui en témoigne chaque jour.
- Le 2.55 Chanel, le must have de la modeuse, est plus petit et plus léger, mais en robe à bretelles il scie l'épaule avec sa chaînette dorée.
- Les talons, c'est superbe, mais ça se coince dans les pavés, les plaques d'égout, les aérations du métro, les chewing-gums, l'asphalte chauffée au soleil...
- En robe longue, je marche dessus et je perds l'équilibre et la face, deux en un.
- En robe courte, je marche vite pour éviter les gros lourds qui ne manquent pas de me remarquer.

- **Le serre-tête habille une tenue toute simple** et permet de faire un rappel de couleur, il est aussi le pro des maux de tête impromptus.

- **Les boucles d'oreilles, c'est le petit plus** qui peut illuminer un look, et démolir mes oreilles par leur poids.

- **Le vernis, ça change tout,** une main avec des petits ongles rouges parfaits, ça vous pose là, mais au moindre éclat, à la moindre décoloration, c'est si laid que je mets les mains dans les poches, même par quarante degrés.

Une tache sur mon top préféré

Ça arrive toujours quand il ne faut pas. Cela dit, y a-t-il vraiment dans la vie un moment où l'on a besoin d'une tache sur son top fétiche ?

Allez savoir pourquoi, c'est assez systématique, quand je mets mon top préféré, il y a des spaghettis au menu.

Serais-je victime d'une forme inconsciente de masochisme ?

Je la sentais venir celle-là.

Pourtant je n'ai rien fait. J'ai reculé devant le ridicule d'une serviette autour du cou façon bavoir. J'ai même été jusqu'à me refuser bêtement la sécurité d'une serviette attachée à mon col.

La police du style pourrait m'arrêter pour non-assistance à top en danger. D'autant que je ne m'en suis pas rendu compte tout de suite.

Quand mon spaghetti a ripé sur le bord de ma lèvre inférieure et est retombé lamentablement dans mon assiette, je m'étais cru miraculée (et immaculée, c'est dire si j'étais optimiste) par la grâce des dieux de la tendance, vu qu'il n'avait pas échoué sur mon top.

Seulement voilà, un spaghetti, ça goutte.

Surtout quand c'est à la sauce tomate. Particulièrement quand ça tombe.

Une heure et deux assiettes plus tard (quand l'appétit va...), je file aux toilettes remettre du gloss.

Et là, c'est le drame.

Vous avez déjà tenté d'éliminer une tache de sauce tomate grasse datant de plus de dix secondes sur un top en soie blanc cassé ?

Qui plus est avec l'eau froide du robinet des toilettes d'un restaurant branché (ce qui implique un éclairage relativement succinct dudit pipi room) ?

Ce qui devait arriver arriva, la tache énormit pour muter en auréole orangée.

Là, deux solutions : passer le restant de mes jours aux toilettes en espérant que l'on m'y oublie, ou subir l'humiliation suprême d'une soirée entière à arborer ma tache. Au vu de mon peu de compétences, et pour être tout à fait honnête, de motivation, pour le poste de dame pipi, j'optai pour la seconde solution.

Première étape : traverser la salle de restaurant. La tête haute, comme si de rien n'était, je regagne la table.

Deuxième étape : me concentrer sur autre chose, technique censée faire en sorte que personne ne focalise sur cet énorme nuage orange au centre de mon top. Facile.

Troisième étape : me rendre compte que personne ne remarque rien. Jusqu'à la fin de la soirée, aucun commentaire. Rien. Que dalle. Nada.

Et tomber dans le panneau : en tirer des conclusions hâtives. Le lendemain, enfiler un affreux top démodé puisque tout le monde s'en fout. Puis me faire rappeler à l'ordre par une coïncidence désagréable organisée de toute évidence par la sévère milice de la police du style.

Au choix, croiser un ex avec sa nouvelle copine parfaitement habillée, ou pire, me rendre compte que la fille la plus ringarde que je connais porte le même top et qu'elle me fait un sourire complice.

C'est fou tout le mal que peut faire une simple éclaboussure de spaghetti, non ?

Faire les courses : mode d'emploi

Oui, parfois, la vie est bassement matérialiste.

Quand il n'y a plus de pain, je mange des biscottes.

Quand il n'y a plus de lait, j'arrête les corn flakes.

Quand il n'y a plus de chocolat, je mincis.

Mais quand il n'y a plus de liquide pour lave-vaisselle, je sais qu'il n'y a plus d'autre issue, je dois me résigner à faire une virée shopping overfrustrante : dépenser la moitié d'une paire d'escarpins Marc Jacobs et rentrer avec du Mr. Propre et des coquillettes.

Avez-vous remarqué ?

On a toujours un vieil euro qui traîne au fond de notre cabas et bizarrement, quand il s'agit de le sortir pour attraper un Caddie, il disparaît, le fourbe. Puisqu'il ne daigne pas se montrer, je file à l'accueil pour demander de la monnaie.

L'hôtesse est d'une amabilité effrayante :

— Bonjour !

— Groumphfff.

— J'aimerais faire de la monnaie pour prendre un Caddie s'il vous plaît.

— Ai pas groumpfffff.

— Puis elle me tend un jeton en me regardant avec un œil aimant, comme si je l'avais réveillée un quart d'heure avant la sonnerie du réveil.

Super, j'ai un Caddie. J'entre.

Je fais deux mètres avant de me retrouver bloquée : soixante-dix enfants choisissent la couleur de leur cahier d'histoire-géo et la forme de leur stylo plume. Je contourne.

Je sors ma liste. Bien sûr, je ne la trouve pas.

Ce serait trop simple. Elle est restée sur la table de la cuisine, normal.

Rayon par rayon, je perds de précieuses minutes à tenter de me souvenir de ce qu'il me fallait.

Quand mon Caddie fait deux tonnes et devient difficile à manœuvrer, je me rends compte que j'ai oublié de prendre du pain au premier rayon.

C'est super, je me muscle.

C'est génial, c'est la salle de sport la moins chère du monde. SUPER. Non, la méthode Coué, avec moi, ça ne marche définitivement pas.

J'ai enfin terminé mon tour infernal.

J'ai le pain, l'eau, de quoi faire quelques repas, bref, tout va bien. Je fonce à la caisse livraison. Sur le chemin, j'aperçois un top Dim ravissant, je m'arrête une demi-seconde pour regarder. Non tu n'achèteras point de sous-vêtements dans un supermarché. Ou alors tu reviendras juste pour ça. Mettre un ravissant top Dim dans un Caddie à côté de l'huile d'olive et du Paic citron, c'est indécent, ça devrait être puni par la police du style.

La caissière des livraisons discute avec une copine.

Depuis dix minutes. Elle m'a pourtant vue. Je fouille dans mon sac pour trouver ma carte bleue. Je tombe sur ma liste de courses. À l'instant où je me réjouis de pouvoir vérifier que je n'ai rien oublié, la caissière décide d'interrompre sa conversation et de s'occuper de mon cas.

Cent soixante-seize euros quarante-cinq.

Je pense à tous les tops Zara que ça représente. Je tends ma carte bleue. Je pense au shopping de folie que j'aurais pu faire chez H&M si seulement je n'avais pas besoin de manger. J'ai une seconde de sympathie envers les anorexiques. Je fais le code. Puis mon estomac se manifeste. Je pense aux biscuits pur beurre qui vont être livrés d'ici une petite heure.

Je sens que j'ai fait le bon choix.

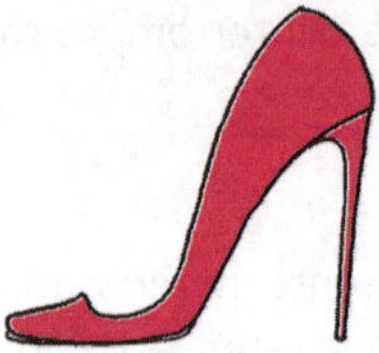

Faire ma valise : mode d'emploi

Soit le problème suivant : j'ai une heure pour faire ma valise.

Si je la commence par les chaussures, ai-je plus de chances de la terminer à l'heure que si je m'occupe des produits de beauté en premier, sachant que X a un mal fou à faire des choix et que à H – 10 min, Y risque de se mettre à paniquer ?...

Pour ne rien oublier, la semaine dernière, pendant que je m'ennuyais à une présentation presse de nouveautés beauté, j'ai fait une liste de ce que je devais emmener à tout prix.

Seul souci : je ne sais pas où est cette liste.

12 h 22 : Je la cherche activement (vidage des trois sacs à main qui m'ont servi ces derniers temps, retournage du bureau, vidage de tiroirs, etc.).

12 h 42 : Je me pose et je réfléchis : où ai-je bien pu la mettre ?

12 h 44 : Je ne sais toujours pas où elle est, mais je viens d'avoir une idée formidable : et si j'en refaisais une ?

12 h 46 : Mon neurone et demi me signale que ça ira plus vite si je zappe la liste et que chaque fois que je pense à quelque chose, je mets la chose dans un tas « valisable ».

12 h 49 : La robe bleue ou la rouge ? Les deux. Les tongs vertes ou les jaunes ? Les deux. Une ou deux nuisettes ? Trois. Indice 15, 20 ou 30 ? Les trois et un 60 au cas où.

12 h 53 : Le tas valisable fait quatre-vingts centimètres. Le Boggle ou le tarot ? Les deux. Les escarpins argentés ou les dorés ? Les quatre (oui, il y en a deux paires de chaque).

12 h 57 : Le tas valisable fait un mètre sept. L'après-solaire Lancaster ou le Lancôme ? Les deux. Et les bouquins ? J'allais oublier les bouquins.

12 h 59 : Le tas valisable fait un mètre trente-sept. La robe à pois ou la robe vichy ? Les deux. Oh, mais s'il fait froid le soir, il va me falloir des pulls...

13 h 04 : Je ne sais plus où j'ai mis ma grande valise.

13 h 07 : Aller-retour à la cave. Problème, ma grande valise sent le moisi. Je décide de prendre la moyenne, je n'aurai qu'à faire un tri.

13 h 09 : Je trie le tas valisable. La robe rose ou la verte ? Les deux. La jupe bleue ou le short gris ? Les deux. Mon tri est d'une efficacité folle. Le tas est passé à un mètre trente-neuf (oui, j'ai dû rajouter le sèche-cheveux et mes deux paréos).

13 h 14 : Un mètre quarante-deux, je sais que j'ai oublié quelque chose, mais quoi ?

13 h 16 : Ah oui, mes maillots de bain. Et mes gélules solaires. Et mon spray jambes légères.

13 h 17 : Bizarrement, la valise moyenne refuse de fermer.

13 h 19 : J'entreprends de nettoyer la grande valise.

13 h 20 : Je me souviens que je pars avec mon homme et qu'il lui faut aussi des affaires.

13 h 22 : Il vient à la rescousse pour s'asseoir sur la valise. Miracle : elle ferme. Je me retourne, et je vois un tas de robes sur le côté. Les fragiles à ajouter à la dernière minute. Il dit

qu'on n'a pas le temps. Je les prends à la main. On a bien le droit à un bagage à main, non ?

17 h 44 : Sur place. J'ai toutes mes robes, toutes mes chaussures et mes sacs, mes bijoux, mon make-up, tout va bien. J'ai oublié : ma brosse à dents, ma pilule, et le cadeau pour les copains qui nous accueillent, bref, rien d'essentiel.

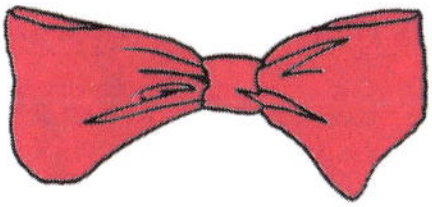

Les matins sans

Il y a des jours où il est impossible de créer un look correct, ou quand la poisse rencontre la malchance et le manque d'inspiration...

Premier essai : je ressemble à une baleine dans cette robe violette baby doll, comment ai-je pu la porter avant ?

Deuxième essai : avec des talons plus hauts, c'est pire, j'ai l'air enceinte.

Troisième essai : j'enfile ce tee-shirt que j'adore avec une petite jupe toute simple, infaillible.

Mais où est cette petite jupe toute simple ?

Ah, ma jupe est dans le panier de linge sale.

Bon, je vais mettre ma jupe en jean.

Elle est tachée.

Bon, je mets mon jean.

Il est froissé.

Je le repasse.

Quatrième essai : en fait, avec le tee-shirt ça fait négligé.

Cinquième essai : même avec des talons plus hauts.

Sixième essai : et cette robe jaune ?

Parfait !

Oh Oh ! il pleut, ma robe jaune va être trop légère.

Septième essai : hop, un gilet noir et mes bottes de pluie.

Ridicule, on dirait un taxi new-yorkais.

Huitième essai : une robe noire pour remplacer la jaune.

Et hop, une veuve.

Impossible de sortir comme ça.

Elle n'était pas si mal la première robe violette en fin de compte.

Tiens il ne pleut plus, je mets mes ballerines.

Résultat des courses : une heure de retard et une tenue similaire à celle que j'aurais pu porter en étant à l'heure, vous avez dit pathétique ?

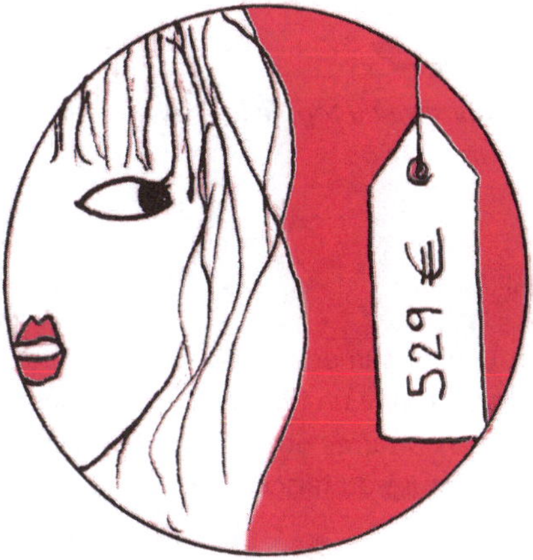

La mode et ma santé mentale

On a interné des gens pour moins que ça…

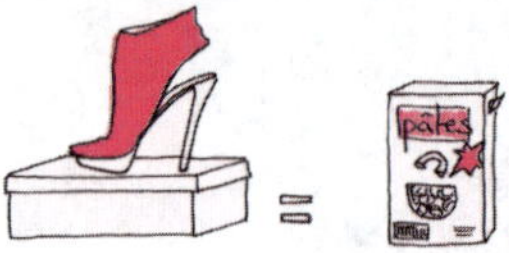

Je ne suis pas maso mais…

Pour être au top de la tendance et de la beauté, je suis prête à :

Porter une ceinture un cran trop serré parce que c'est plus joli.

Pour pouvoir assumer le maillot de bain ultra échancré : payer une fortune un type en blouse blanche qui porte des lunettes bizarres et qui me jure qu'en me soumettant à la torture du faisceau laser, mes poils ne reviendront jamais.

Y retourner le mois suivant en y croyant encore.

Porter des boucles d'oreilles dix fois trop lourdes avec le sourire, tout ça parce que ce sont des Néréïdes et que je les ai payées trop cher pour avouer qu'elles ne sont pas mettables.

M'arracher la peau avec un gant de crin une fois par semaine sous la douche, sans crier, juste en chantant.

Acheter une paire de chaussures super douloureuses juste parce qu'elles sont trop belles.

Passer deux heures par mois à me faire tirer les cheveux, entourée de sèche-cheveux actifs, c'est-à-dire dans une salle plus bruyante qu'un réacteur de Boeing 747 et plus chaude qu'un sauna.

Passer mes samedis à courir de boutique en boutique plutôt que de me balader tranquillement avec mon homme dans un parc.

- **Payer une crème un dixième de mon salaire** parce qu'il y a marqué « Massacre tous les boutons et les points noirs sans abîmer la peau et procure la jeunesse éternelle tout en supprimant le moindre défaut », à moins que j'aie mal lu ?
- Choisir et porter une couleur qui ne me va pas du tout sous prétexte que c'est tendance.
- Massacrer mon estomac à coups de compléments alimentaires étranges censés me rendre belle par l'intérieur !
- **Laver 90 % de mon armoire à la main** car j'ai trop peur d'abîmer mes petites merveilles.
- Verser un liquide douteux sur mes cheveux et le laisser poser malgré l'odeur, sous prétexte qu'ils vont briller de mille feux.
- M'apercevoir qu'ils ne brillent pas plus qu'avant et recommencer quand même.
- **Dépenser le tiers de mon salaire dans un sac** et ne plus savoir comment payer l'électricité.
- **Me masser les cuisses avec une crème miracle** contre la cellulite pendant dix minutes chaque matin et réaliser six mois plus tard, quand l'été arrive, que rien n'a changé. Puis passer à une marque plus chère.
- Acheter une petite robe en 34 alors que je fais un bon 38 – mais c'est la dernière et je l'adore, donc je DOIS l'acheter.
- La taille haute, ça affine, surtout si on la prend une taille en dessous. Faim, moi ? Jamais.

Tout ce à quoi je suis prête pour acheter une fringue qui me plaît :

Le shopping est un dur combat qui nécessite parfois des sacrifices insensés...

- Traverser tout Paris, nord-sud, est-ouest si nécessaire.
- Annuler un ou plusieurs rendez-vous pour terminer ma quête.
- Supplier une vendeuse antipathique.
- L'arracher des mains d'une fille et prétendre que je l'avais vue avant.
- Dire à une fille qui l'essaie que si j'étais elle j'éviterais le noir, ça grossit les cernes.
- Déclencher une alerte à la bombe au Bon Marché.
- Faire trois chèques.
- Expliquer à mon banquier que ces trois chèques sont pour aider une petite Birmane qui n'a pas de maison, oui elle est logée au Bon Marché, et alors ?
- Vendre des fringues que j'aime encore, mais moins, sur eBay.
- Anticiper sur l'argent de ces ventes et faire un chèque à future provision en priant pour qu'il ne se présente pas trop tôt.

- Manger des pâtes sans beurre pendant un mois.

- Jouer au Loto, perdre et l'acheter pour me consoler.

- Jouer au Keno, gagner dix euros et l'acheter en deux couleurs (cette jupe à deux cent six euros) pour fêter ça.

- Mettre un cierge à l'église du coin, dont j'ignore totalement l'orientation religieuse.

- Accepter une invitation à un cocktail pénible pour être obligée de l'acheter cette robe, faut bien que j'aie un truc à me mettre.

Ô shopping ennemi

Toutes ces raisons pour lesquelles je devrais haïr le shopping...

— Revenir bredouille me déprime au plus haut point.

— Quand ma carte bleue crame trop j'en suis malade, et M. Truchon aussi.

— Quand j'hésite entre deux couleurs, ça me prend la tête au point de ne pas dormir de la nuit.

— Je fais des sacrifices insensés : vacances, sorties...

— Il y a la queue partout : caisse, essayage... Au Shopi ou au marché ça m'insupporte, bizarrement, chez Zara ou H&M je gère mieux...

— Je marche des heures et je peux traverser tout Paris. Casanière comme je suis, je ne subirais ça sous aucun autre prétexte.

— Je ne trouve jamais ce que j'étais partie chercher.

— Ce que je trouve est toujours trop cher, frustration garantie.

Et malgré tout je fais du shopping dès que je peux. De là à en conclure que je suis complètement maso...

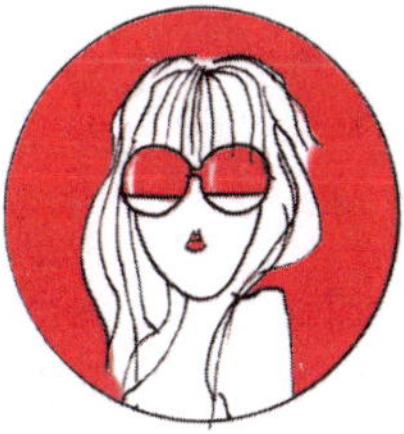

Ces fringues qui ne servent à rien

... Mais que j'achète quand même.

- Le pull à col roulé à manches courtes : trop chaud en été, trop léger en hiver.

- Le vieux sweat-shirt « pour aller à la campagne » alors qu'on sait très bien :

1. Qu'on n'ira jamais.

2. Que si par hasard on devait y aller, on mettrait notre magnifique polo Ralph Lauren, so chic pour une partie de campagne.

- Le jean trop petit parce qu'un jour on pense qu'il va se détendre.

- Le tee-shirt à message si drôle qu'on ne peut pas le laisser dans la boutique, si drôle qu'on ne le mettra jamais.

- La robe de plage qu'on n'ose même pas sortir à la plage tellement elle est transparente.

- La jupe-culotte qui ne nous va pas mais dont la vendeuse dit qu'elle est super tendance. Dès qu'elle n'est plus à côté de nous pour nous encourager devant la glace, on comprend pourtant le sens du mot « moche ».

- Le top trop court mais qui est si beau, on trouvera bien une jupe taille haute pour aller avec.

- **La jupe qui ne va avec rien** (option fait de grosses fesses dans certains cas), qu'on gardera en réserve en cas de shopping miraculeux.
- **Les escarpins trop petits** car en soldes, une demi-pointure en dessous de la nôtre, ils sont tellement canon.
- **Les sandales aux talons** trop vertigineux, qu'on pensera à mettre une fois par an pour aller faire la fête et qu'on retirera à la dernière minute car on aura peur qu'ils nous gâchent la soirée (et on aura raison).
- **Le jean tellement serré** qu'il m'amincit d'une taille mais me donne l'impression d'être énorme quand je l'enfile.
- **La petite robe parfaite** mais orange fluo, que je compte teindre quand les poules auront des caries.

Je ne suis pas stupide, mais...

- Devant un vêtement qui me plaît, j'ai tendance à oublier la valeur de l'euro.
- Ce vieux jean que je trouvais moche, il suffit que la mode change et voilà qu'il redevient mon préféré portable.
- J'ai beau jurer que je veux un dressing minimaliste et de qualité, je continue à aller régulièrement chez H&M.
- J'ai beau me promettre que je ne me ferai plus avoir par Maje et Sandro et leurs prix inversement proportionnels à la qualité de leurs vêtements, chaque année je ne peux m'empêcher d'aller faire une razzia à leurs ventes privées.
- Impossible d'imprimer dans ma tête que trois paires de Jonak = une paire de Chanel.
- Dans l'absolu, je préférerais partir en vacances plutôt que d'avoir dix jolies robes à mettre pour les vacances que je n'aurai pas, ça ne m'empêche pas dans la réalité de dépenser le budget vacances aux soldes de presse de juin.
- Quand on me complimente sur une fringue, je ne peux pas m'empêcher de minimiser le truc en disant : « Oh, ce n'est que du H&M », ou : « Dix euros chez Promod. »
- Chaque fois que je vernis mes pieds, je bousille mon boulot en enfilant mes chaussures trop tôt.

- À la seconde où j'ai acheté mes premiers escarpins Marc Jacobs, j'ai voulu des Chanel.

- Mon armoire à beau ~~crouler sous les~~ être pleine de fringues, j'ai toujours l'impression que je n'ai rien à me mettre.

- Malgré bien des déconvenues, j'achète souvent trop petit ~~car la vendeuse dit~~ car je me dis que ça va se détendre.

- Bien que 80 % du temps, je ne porte que du plat, je continue à acheter ~~80 %~~ 50 % de chaussures à talons.

- Le mot « soldes » me fait perdre toute notion de ~~solidarité féminine, compte à découvert, amitié~~ réalité.

- Et associé à « de presse », il est capable de me faire acheter un ~~tutu vert fluo~~ pull trop grand.

- C'est quand il faut que j'aie l'air d'assurer (en entretien, interview, etc.) que je dis les pires bêtises, Karl qui ?

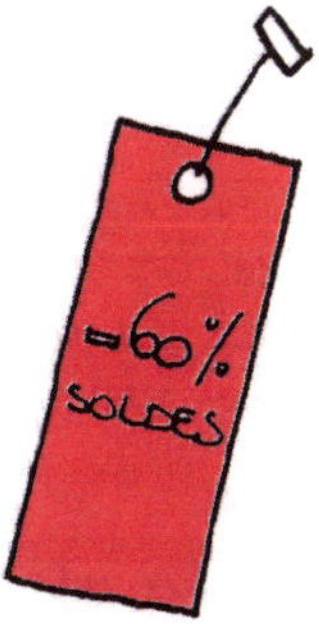

Le syndrome postsoldes

Pire que le baby blues ~~comme si je savais de quoi je parle~~, il y a les soldes blues : un syndrome typique de cette période d'entre-deux, où trois tailles XXL rencontrent deux tops fuchsia dont personne n'a voulu même à – 70 %...

Voici les symptômes que j'ai pu constater :

Première phase

- Quête de la bonne affaire de folie : la dernière paire d'escarpins soldée à – 80 %, le dernier top canonissime offert pour un autre acheté, etc. Fouilles archéologiques, allées et venues dans les boutiques... Frénésie de shopping. Retour systématiquement bredouille (oui, un top fuchsia immettable, ça ne compte pas).
- Déception : la bonne affaire de folie serait une légende selon certaines sources...
- Lamentation auprès de la vendeuse : « Mais pourquoiaaaaaaaa n'y a-t-il jaaaaaamais maaaa taaaiillll-leeeuuuu ? », qui lève les yeux au ciel et répond mentalement : « Ma pauvre fille, avec un 38 il faut s'y prendre en septembre pour acheter un top canonissime. »
- Réaliser que la vendeuse n'a pas tout à fait tort. En conclure qu'il faut shopper en février pour le mois de juin. Qu'à cela ne tienne, à nous la nouvelle collection !!! Youhou !

Deuxième phase

- **Réaliser que la nouvelle collection n'est qu'une légende à l'heure actuelle.** « Il paraît que c'est le bleu cet été. » « On dit qu'il va y avoir du rouge partout. » « La robe boule continue. » « Encore du doré »... Les rumeurs fusent, mais les fringues ne sont pas là.

- **Soudoyer les vendeuses pour en savoir plus :** « Les nœuds mademoiselle, des nœuds partout... » « La nouvelle collection ? À partir du 20 février »...

- **Paniquer :** si l'ancienne collection ne contient plus depuis le 10 janvier que de la taille 44 et des invendus farfelus et que la nouvelle n'arrive que le 20 février, horreur et sacrilège, comment allons-nous shopper ???

Troisième phase

- **Rêver sur les bribes aperçues des nouvelles collections,** tout en réalisant que tout ça n'est pas portable avant mai, voire juin...

- **Broyer du noir et faire des calculs philosophico-shoppinguistiques :** si je ne peux rien acheter de chaud avant septembre et que je peux fin février acheter une robe en coton, mon sous-pull noir sous ladite robe constitue-t-il en soi une nouvelle tenue possible ?

- **Compenser en attendant par des achats tout aussi futiles :** Thé, décoration, biscuits... D'ailleurs j'ai découvert un thé délicieux : le Lune Rouge, chez Mariage Frères, bien sûr. Un mélange de rose, gingembre et miel, parfait pour soigner le soldes blues !!!

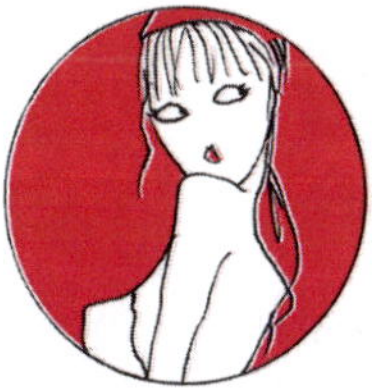

Retournement de veste

Ce que j'ai dit que je ne mettrai jamais...
Et pourtant :

Ce que j'en disais = Ce que j'en pense aujourd'hui.

Les pois : Ça fait mémé = C'est rétro, tellement pin-up.

Le slim : Ça fait une silhouette bouteille d'Orangina = C'est tellement rock.

La taille haute : Ça fait dadame = C'est si classe, très Jackie O.

Le flare : Ça fait trop hippie = C'est bohème et chic.

Les Wayfarer : Ça fait trop années quatre-vingt = C'est tellement années quatre-vingt.

Les manches ballon : Je ne suis pas Blanche-Neige = C'est trop bon de retomber en enfance.

Le bleu marine : Ça fait bonne sœur = C'est très subversif si c'est sexy.

Les accessoires en croco (sacs, chaussures...) : Ça fait vieille rombière = Mais je suis jeune !

Le trench : Ça fait inspecteur Gadget = En beige peut-être, mais pas en bleu marine !

Les richelieus : Ça fait Mary Poppins = Ben quoi, elle a la classe Mary.

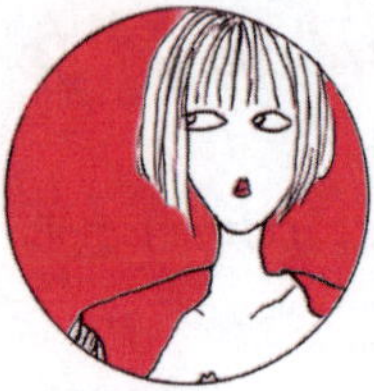

Je ne suis pas parano, mais...

Il y a quand même de drôles de coïncidences...

- Quand je porte une tendance pas encore tout à fait démocratisée (chapeau à voilette ? Collants rouges fluo ?) et que j'entends rire, je pense toujours au premier abord que l'on se moque de moi.
- Avant d'enlever mon top dans la cabine, je vérifie qu'il n'y a pas de caméra.
- Ma voisine a le même sac et la même veste que moi, elle me copie ou quoi ?
- Les vendeuses me regardent de travers, j'ai un truc qui cloche ?
- Pourquoi la fille de la cabine d'à côté essaie tout comme moi ?
- Mes adresses secrètes se retrouvent régulièrement sur un blog, c'est forcément une fille de mon entourage.
- C'est moi ou cette fille regarde tout ce que je regarde dans la boutique ?
- Pourquoi tu veux savoir où j'ai acheté cette robe ? Tu veux aller l'acheter dans mon dos, hein ? Avoue !

- Pourquoi est-ce que c'est toujours le jour où j'ai le look le plus pourri que je rencontre mes anciens copains de lycée ?

- Quelle malédiction me condamne à marcher vingt-cinq fois plus les jours où je me suis perchée sur des talons plus hauts que d'habitude ?

Hors saison

Paradoxe perturbant : pourquoi le mois de février semble-t-il être le mois le plus long de l'année alors qu'en réalité, c'est le plus court ?!

Analysons les envies de février de manière pragmatique : Envie – Conséquence – Résultat.
En février…

Je crève d'envie de petites fleurs – Je les intègre à mon look hivernal tant bien que mal – Mon look fait parfois très : « Viens donc jouer un peu de guitare sur cette plage… norvégienne. » Incohérent.

Je crève d'envie de petites robes – Je les porte – J'attrape tous les microbes qui passent et je termine la semaine en drap de laine polaire, très chic.

Je crève d'envie de couleurs – Je ressors les tops jaunes, roses, verts et les porte surmontés d'un gros gilet gris (pas folle la rescapée) – Mes ravissants petits tops de couleur font ressortir mon non moins ravissant teint d'endive.

Je crève d'envie de sandales – Je les achète plus grandes pour passer les chaussettes dedans – Quand l'été arrive je n'ai que des chaussures trop grandes.

Je crève d'envie de soleil – J'exige une place en terrasse pour mon déjeuner – Je mange froid et je retrouve les joies de la fumée de cigarette de ma voisine qui me va droit dans le nez.

Je crève d'envie de bronzer – Je tente l'autobronzant – Je vire au orange, ou au brun rayé selon les marques et ma patience (d'ange), un bonheur.

Je crève d'envie de me mettre en maillot de bain – Je vais à la piscine – Je me fâche avec tous les riverains : « Non je n'irai pas plus vite », « Nan mais je ne suis pas là pour le sport moi » (bien que mon look maillot-de-baintesque n'y perdrait rien).

Je crève d'envie de fruits rouges – J'achète des fruits rouges à deux mille euros le kilo – Ils sont mauvais. Je me rattrape sur les Pim's framboise (quelque chose me dit que je vais le regretter).

Je crève d'envie de nouvelles collections – J'achète cette petite robe si mignonne, et j'attends impatiemment l'été pour la porter – Je m'aperçois en juin qu'elle est bien trop courte sans collants !

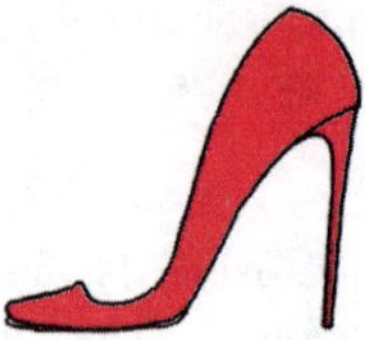

Ô talons ennemis

Esthétiquement, il n'y a rien à dire, une jambe est toujours plus jolie sur dix centimètres que sur trois.

Mais les talons... Ça se coince entre les pavés. Certes il reste peu de pavés à Paris, mais tout de même. Et je ne parle pas des dalles d'égout, aérations de métro, et autres pièges qui ne pardonnent pas.

- **Les talons sont le plus souvent recouverts de cuir ;** quand on les coince ou qu'on les frotte, ils sont abîmés pour toujours et s'ils ont le malheur de ne pas être noirs, mon cordonnier ne peut plus rien pour eux.
- Plus ils sont hauts, plus je dépasse tout le monde d'une tête.
- **Quand ils sont fins, ils manquent d'équilibre,** quand ils sont épais, ils manquent de grâce.
- Ils musclent les mollets sans effort, mais QUI, je me demande bien QUI veut de gros mollets bien musclés ?
- **Ils empêchent de courir efficacement pour attraper le bus,** car même avec une habitude et une aisance travaillée sur des années, on n'est jamais à l'abri d'un trou mal placé.
- **Ils écourtent les soirées** en donnant vite envie de rentrer à la maison enfiler ses chaussons.

- Ils me ruinent en taxi quand vraiment je ne peux plus faire un pas sans mourir des pieds.
- **Ils me narguent sur les pieds des autres** quand j'ai pris la sage décision de porter des ballerines.
- Ils menacent de me faire tomber, toujours au mauvais moment (au hasard, quand une copine de lycée, ou un vieil ex oublié, réapparaît).

Et pourtant je les aime tant qu'ils représentent malgré tout toujours un bon 85 % de mes chaussures ! Maso, moi ?

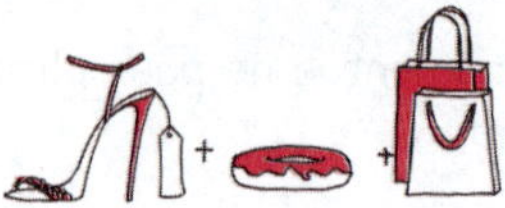

Comportements absurdes et contradictoires

Pourtant fréquents chez la modeuse, surtout chez moi...

- Acheter une robe parce qu'elle est belle et me va bien. Refuser de la porter parce qu'on me regarde trop.
- Économiser deux ans, **acheter un sac qui coûte un smic,** ne pas oser le mettre.
- M'offrir une robe parce qu'elle est originale, la laisser dans le placard parce qu'on la remarque trop.
- **Investir dans une pièce ultra tendance** et me plaindre que tout le monde a la même.
- **Dire que le slim ne passera pas par moi,** et m'en acheter un deux heures plus tard sur un coup de tête.
- **Porter un look trois fois par semaine,** le trouver importable deux mois plus tard.
- **Critiquer le look d'une fille,** m'habiller comme elle la semaine suivante.
- Essayer quinze tenues le matin en me préparant, me mettre en retard et finir par enfiler la première essayée.
- Me trouver énorme dans une robe qui m'amincissait dans la boutique.
- Me trouver mince dans un jean que je trouvais grossissant la veille.
- **Acheter un sac quand je cherche un jean,** une paire de sandales quand il me faut un tee-shirt et un collier quand j'ai besoin d'un maillot de bain.

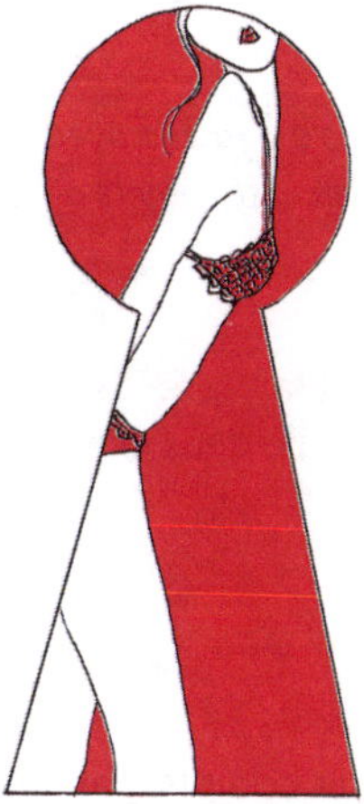

La mode et mon couple

Mon homme adore la mode. Surtout quand elle envahit son armoire, vide son portefeuille et monopolise mes journées. Si si, il est fan.

Les mensonges qui sauvent

Pour ne pas me fâcher avec mon homme, parfois, je mens, si peu… (et j'omets aussi pas mal).

- Je l'ai acheté sur eBay à moitié prix. (Sachant que le prix normal était de mille deux cents euros.)
- Ces deux tops ? Vingt euros chaque. (Enfin, si on enlève un zéro.)
- Si si, ça fait trois mois et deux jours que je n'ai rien acheté. (Si on ne compte pas les achats à moins de trente euros.)
- C'est ma copine qui m'a forcée à l'acheter. (Elle menaçait de se l'acheter si je ne le prenais pas.)
- Les soldes de presse ? Pas mal, c'était plié en deux heures, j'ai dépensé à peine trois cents euros pour tout ça. (Ça, c'était les premières puis je suis allée à celles d'en face et j'ai dépensé le triple.)
- C'est pour le boulot, ma chef m'a demandé de changer, de faire un effort de présentation. (En fait c'est ce que j'aimerais qu'elle me demande.)
- J'avais besoin de chaussures, les dorées sont irrécupérables, m'a dit le cordonnier. (Mais il va quand même essayer de les sauver pour quarante-cinq euros.)
- Je m'habille chez Marc Jacobs parce que chez H&M, il n'y a pas ma taille, ils commencent au 40, si si je te jure,

tu veux venir vérifier ? (Je sais très bien que tu détestes trop le shopping pour venir voir par toi-même.)

Louboutin ? C'est comme André, mais en un peu plus chic. (Ben quoi, c'est vrai ! Ah oui, et avec un tout petit peu plus de zéros avant la virgule.)

Mais non, ce n'est pas le prix d'un voyage en Inde, tu as mal lu. (Enfin pas celui d'un beau voyage dans de grands hôtels.)

J'ai troué mon dernier jean noir hier, il faut bien que je le remplace. (Par deux, trois robes et une paire d'escarpins.)

Je compte revendre trois sacs et deux paires de chaussures sur eBay pour compenser ça. (Mais j'ai la flemme.)

Bien sûr que j'ai de quoi payer mon loyer. (J'ai pile le découvert autorisé pour.)

Non je ne suis pas à découvert, c'est un tiret, pas un moins, voyons ! (M. Truchon me harcèle, je lui ai juré que tu me ferais un petit chèque...)

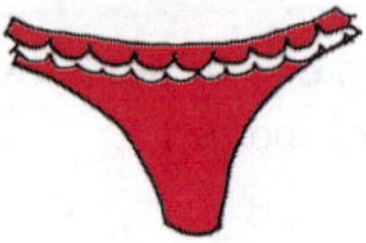

Ce que mon homme ne comprendra jamais

Même si je lui explique longtemps.

- Mais si, une quatrième petite robe noire c'est indispensable, tu n'as jamais entendu parler des basiques ?
- Non, celle que j'ai déjà est rose saumon, cette jupe est pêche de vigne, ça n'a rien à voir.
- Oui j'ai BESOIN de faire du shopping, et non je ne sais pas encore ce que je vais acheter.
- Oui il m'arrive d'entrer dans une boutique, d'y passer une heure, d'essayer une dizaine d'articles et de sortir bredouille.
- Vingt-deux paires de chaussures en comptant les tongs, c'est très peu.
- Je ne peux pas mettre cette robe : elle est démodée. Elle me va bien ? Je ne vois pas le rapport.
- Cent vingt-cinq euros pour des escarpins Jimmy Choo, c'est l'affaire du siècle.
- Les épinards, c'est tellement meilleur sans beurre, surtout quand se priver de beurre finance mon nouveau jean.
- Non je ne peux pas remettre la même robe que l'autre soir, il y avait les mêmes personnes !
- Oui j'ai besoin de savoir si on sort après le dîner ou pas, je ne porterai pas la même chose si c'est le cas.

Mon homme a beaucoup d'humour

Surtout quand il s'agit de mode, morceaux choisis :

- On s'en fout que ça soit has been si ça te va bien. (Hum, comment te dire que « on » se limite à « tu » ?)
- La taille haute, c'est super moche, tu veux pas te racheter un taille basse ? (Même si je voulais, on n'en trouve plus en boutique.)
- Plateform shoes, t'en as pas déjà trois paires ? (Tu ne confondrais pas avec mes compensées ?)
- Je ne comprends pas pourquoi tu ne portes pas des talons tous les jours. (Peut-être parce que tu n'en as jamais porté ?)
- Tu es tellement plus jolie au naturel. (Naturel qui prend huit fois plus de temps à créer que le make-up normal.)
- Si on partageait une valise cabine pour notre semaine de vacances au soleil ? (Es-tu prêt à partir avec un quart de tong et un demi-slip ?)
- En mai : Pourquoi tu ne prends plus de burger ? (Pour rentrer dans mon maillot de bain, au moins en diagonale.)
- Ah bon, tes cheveux ne sont pas bouclés naturellement ? (Être une déesse, c'est du boulot tu sais.)

Tu vas aller travailler comme ça ? (Non, je vais faire du shopping, tu sais bien que je ne bosse jamais.)

Tu ne vas pas sortir comme ça ? (Non, je vais rester à la maison bien sagement et tu me raconteras ce soir comment est le monde extérieur.)

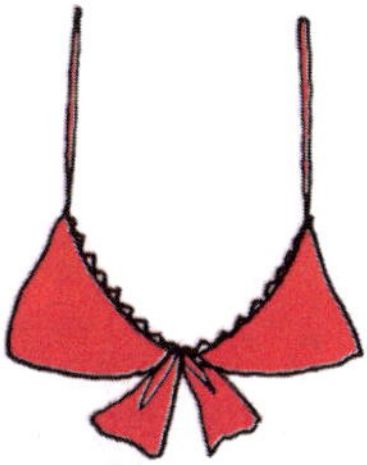

Sachez reconnaître le compliment caché

C'est bien connu, les hommes sont les pros du compliment raté. Mais à ce point ?...

- C'est beaucoup mieux avec ce top (et avec les autres j'avais l'air nouille ? hum...) = C'est très bien avec ce top.

- Ça t'amincit, c'est canon (parce que je suis un boudin c'est ça ?) = Tu es sublime là-dedans.

- C'est classe comme ça mais ça serait encore mieux avec des talons (et quatre ampoules en prime ?) = Tu serais plus que sublimissimement époustouflante en talons.

- On dirait ta mère – non non mais je la trouve super classe ta mère (dans trois jours, j'aurai droit à « on dirait ta grand-mère » ?) = Tu es très élégante.

- Ah ! voilà une jolie robe (et les autres sont à brûler ?) = Cette robe te va tellement bien que je suis ultra enthousiaste.

- C'est mignon, très petite bourgeoise (hum, comment le prendre ?) = Très sexy mais tout à fait portable en dehors de chez nous.

- Tiens, tu es bien habillée aujourd'hui ! (et d'habitude j'ai l'air d'un sac ?) = Tu es encore mieux habillée que d'habitude, alors que d'habitude, tu es déjà incroyable.

Elle est rigolote cette robe (et moi c'est Bozo le clown ?) = Elle est canon cette robe mais comme je ne veux pas passer pour un gay, j'ai cherché un adjectif improbable.

Tu as vraiment un style étrange – non non mais étrange en bien, hein ? (et si je te dis que tu as une technique au foot vraiment étrange, tu le prends comment ?) = Tu as du style.

C'est sympa cette robe (et moi je suis un Bisounours ?) = Cette robe a un côté lolita craquant.

Sujets de dispute

Pour vous engueuler à coup sûr, lancez le sujet !

— Je suis grosse, hein ?
(Là, si jamais il a un quart de seconde d'hésitation, c'est le drame.)

— Tu aimes cette robe ?
(Idem, voire pire s'il ose donner une opinion négative.)

— Ton ex, elle portait des robes comme ça ?
(Quand un sujet tabou en rencontre un autre...)

— Ça t'ennuie si je porte des talons et que je te dépasse ?
(Peu de chances qu'il réponde non, et c'est parti pour le grand débat du jour.)

— Je mets quel top avec mon jean ?
(Il va forcément en choisir un qui ne va pas avec, inquiétudes sur son sens du goût...)

— Cheveux attachés ou lâchés ?
(Il ne peut pas avoir la bonne réponse, et si vous ne suivez pas son avis, il peut se vexer...)

— Je la prends cette robe ? Ou tu crois que ça ne vaut pas le coup ?
(Attention, si vous la voulez vraiment, ne posez surtout pas cette question.)

— C'est quel genre de soirée, il y aura qui ?
(Il va donner une réponse que vous jugerez trop approximative, agacement mutuel, montée de tension...)

— Et ça tu crois que ça plaira à ta mère ?
(Neuf chances sur dix qu'il vous sorte un « oui oui » distrait, et si la belle-mère n'accroche pas, vous aurez trouvé votre sujet de conflit pour les dix jours – dix ans ? – à venir.)

— Est-ce que ma cellulite se voit ? (S'il dit non vous le traiterez d'hypocrite, s'il dit oui vous vous vexerez : dans tous les cas, tensions garanties.)

Quand il s'y met

Ça marche dans les deux sens, la preuve s'il dit...

- T'as déjà la même, non? (Tsss, rien à voir mon pauvre ami!)
- Combien les chaussures? (Pfff, matérialiste, va!)
- T'avais pas dit que les pois c'était mémère? (Si, et je n'ai pas besoin qu'on me le rappelle le jour où j'ai décidé d'en porter.)
- Où est mon polo noir? (Et comment je suis censée savoir ça?)
- Ah bon, le rouge, ça peut aller avec le rose? (De quoi je me mêle?)
- T'as fait une lessive? (Et le ménage aussi peut-être?)
- Tu n'as pas déjà presque les mêmes chaussures? (Si et alors, si celles-là sont mieux?)
- Mais tu as vu le prix? (Oui, et alors?)
- Tu n'en as pas marre de faire du shopping? (Manifestement pas.)
- Dis, ça t'ennuie si je pars avant toi? On va être en retard... (Si tu me fais ça...)

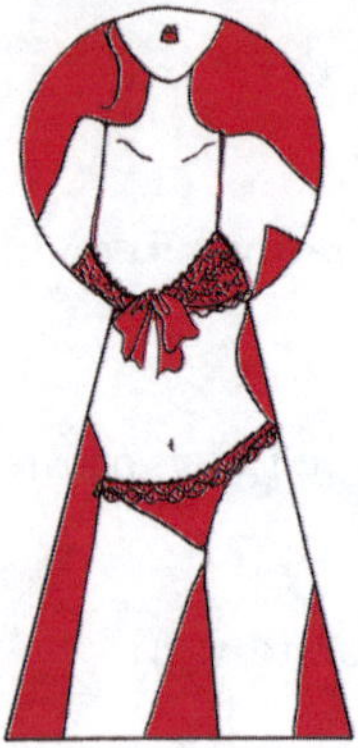

Situation d'extrême importance modesque

Il est des situations dans lesquelles on ne peut se permettre de se tromper de look, et ça n'est pas toujours facile à faire comprendre à un homme !

À laisser traîner près de la télécommande, bien ouvert sur cette liste...

- Pour aller boire un pot dans un bistro de quartier avec ses potes : « Enfin, c'est juste une bière... » Non car : il faut être au top car il est là, et en plus il y a ses potes, mais pas trop car c'est un simple bistro de quartier, on ne doit surtout pas avoir l'air d'avoir fait trop d'efforts et pourtant être sublime. Vous avez dit facile ?

- Pour rendre visite à ses parents : « Te prends pas la tête, ils t'adorent. » Oui mais ça n'est pas un hasard : il faut avoir l'air de la belle-fille parfaite tout en restant soi-même et en lui plaisant toujours, donc en restant un minimum sexy...

- Pour aller au cinéma avec lui en été : « Ben quoi, on sera dans le noir... » Oui, sauf que : il faut une tenue de saison mais de quoi se couvrir en cas de clim sauvage (fréquente au cinéma), le tout sans s'encombrer d'un énorme sac que l'on aura dans les jambes pendant tout le film.

- Pour aller pique-niquer avec ses potes et vos copines : « C'est juste un truc à la cool... » Oui mais il faut penser à tout : la robe assez longue pour ne pas se retrouver en culotte une fois assise, le châle qui va bien pour la petite fraîcheur de la nuit, les chaussures qui ne s'enfonceront pas dans la pelouse, qui sont assorties à la robe et ne craignent pas les éventuelles taches de terre...

Pour une soirée en boîte avec ses potes et ses copines : « Bon, ce n'est rien de spécial, te prends pas la tête... » Ok mais : il faut une tenue dans laquelle on se sentira bien jusqu'au bout de la nuit, le jogging serait idéal mais c'est une soirée il faut donc du confort canon, des talons vertigineux doux comme des ballerines, des vêtements sexy mais pas aguicheurs pour pouvoir aller aux toilettes sans chaperon, et pour peu que ça soit en hiver, il faut avoir assez chaud dehors mais ne pas étouffer et transpirer dedans...

Pour une soirée en tête à tête au restaurant : « On ne sera que tous les deux tu sais... » Justement, c'est là qu'il faut être divine sans avoir l'air d'y avoir passé l'après-midi, tout en faisant attention au confort : rien qui serre trop la taille par exemple, on peut sortir les talons aiguilles, sauf si le restaurant est loin et qu'on y va en transports en commun, et est-ce que ceci fait trop habillé ? Et cela pas trop basique ?

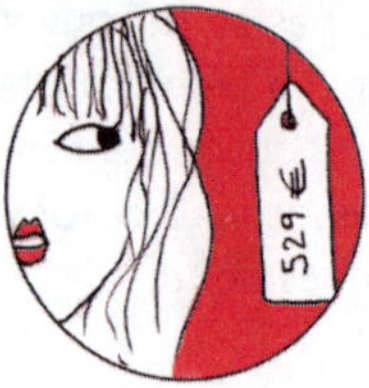

Là, la mode en veut à votre couple

Il y a des limites qu'il est bon de ne pas franchir…

Si vous approuvez plus de trois de ces affirmations, attention, il se peut que votre couple soit en danger. Au-delà de cinq, vous êtes, comme les sœurs le sont à Dieu, mariée à Karl Lagerfeld.

- Vous exigez de votre homme qu'il se lève à 6 h 30 pour vous déposer aux soldes de presse, voire qu'il aille vous chercher un café à emporter avant de retourner se coucher.

- Vous n'écoutez que la tendance, jamais son avis : il n'y connaît rien.

- Quand il déteste une tendance, ça vous donne encore plus envie de l'adopter.

- Entre un cocktail branché où vous allez enfin pouvoir porter votre superbe robe toujours trop habillée et une soirée en amoureux, vous choisissez le cocktail.

- Vous portez quotidiennement des talons, même si vous le dépassez d'une tête avec : ça n'a pas d'importance, le style prime !

- Si vous surtravaillez votre look, côté lingerie vous investissez peu, voire pas : culottes en coton et vieux soutiens-gorge font très bien l'affaire.

- Ah, ce soir on est tous les deux ? Génial, je vais pouvoir me changer et mettre mon pyjama doudou.

- Il vous a répété quinze fois qu'il n'aime que le noir, il refuse de porter d'autres couleurs, vous persistez quand même à lui offrir du rouge et du vert en pensant qu'il va finir par craquer.

- **Pendant la fashion week, vous êtes aux abonnés absents,** et si vous vivez avec lui c'est visionnage des défilés tous les soirs, commentaires en live au téléphone avec vos amies et découpages de looks dans les magazines. Idem pour les soirs où sont diffusées vos séries préférées. En revanche, quand c'est une grosse compétition de foot, vous hurlez s'il ose allumer la TV.

- Vous claquez des centaines d'euros en fringues. Le loyer ? Oh, il paiera votre part comme le mois dernier.

Petit dictionnaire de communication mode à l'intention des hommes

Parce que les mots ne veulent pas toujours dire ce qu'ils semblent vouloir signifier, sales bestioles !

À laisser traîner négligemment dans le salon.

- Je n'ai rien à me mettre ! = Exprime le besoin d'aller faire du shopping, inutile de prouver à votre dulcinée par A + B que son placard est plein, le problème est ailleurs.

- J'ai l'air grosse dans toutes mes fringues = Exprime un moment de doute n'appelant surtout pas de réponse de votre part, sortez vite de la pièce discrètement.

- T'aimes cette robe ? = Si la question est posée avec un grand sourire et des yeux écarquillés, c'est en réalité une affirmation qui appelle une réponse positive appuyant son enthousiasme, on se fiche de votre réelle opinion.

- Tu préfères avec les chaussures blanches ou les rouges ? = Attention, question piège. Quelle que soit votre réponse, elle risque de ne pas être satisfaisante. Répondez par une autre question : « Tu préfères lesquelles, toi ? »

- C'est quel genre la soirée ? = Un « Chsé pas » peut déclencher un drame. Il s'agit là de définir sa tenue. Elle attend une réponse efficace et complète sur les lieux auxquels s'attendre (Resto branché ? Bar tranquille ? Jardin ?) et sur le genre de personne que l'on y retrouvera (Amis chic ? Bobos ? Tendance ?).

- Tu as vu mon sac rouge ? = La question n'appelle pas une réponse de votre part, mais une action : l'aider à chercher ce fameux sac rouge, même si vous n'avez aucune idée d'où il peut bien se trouver.

- Tu ne penses pas que ça serait mieux avec des chaussures rouges ? = C'est une façon de vous demander d'approuver son futur shopping pour se procurer ladite paire de chaussures rouges, désormais indispensable à sa garde-robe, la preuve : même vous êtes d'accord ! Il vaut mieux, pour votre tranquillité d'esprit, répondre oui à cette question.

- Je n'arrive pas à trouver le bon look… Tu es sûr que tu veux aller à cette soirée ? = Là on a envie d'être suppliée, sortez un truc du genre : « Oh, ma chérie s'il te plaît ça me ferait tellement plaisir. »

- Pfff, c'est triste ce look, je me sens fadasse = Comme un besoin de compliment, viiiiite : « Tu es lumineuse ma chérie. »

- Je me sens ridicule dans ces fringues = C'est juste un besoin d'être rassurée, point de salut pour une autre réponse que : « Mais non tu es canon comme ça. »

Et dans l'autre sens

Parce que moi aussi si je faisais un effort je pourrais comprendre que...

- Oui oui elle est très bien cette robe = C'est bon, on peut y aller là ? Non parce qu'on a rendez-vous à 18 heures pour boire un verre alors...
- Non ça ne te grossit pas = J'aimerais éviter un drame international avant de sortir dîner, donc à toi de voir.
- Pas mal = J'aime pas mais si je te le dis tu me tues alors je me cache derrière ce pas mal qui ne veut rien dire.
- Mouais mouais ça va = Je n'ai même pas regardé, tu me déranges, je regarde le match ça ne se voit pas ?
- C'est marrant comme ça = Je ne sais pas quoi dire alors je suis maladroit, mais j'aime beaucoup.
- J'aime bien, mais c'est pas un peu décolleté ? = Enlève-moi ça tout de suite ou je t'enferme à triple tour dans la salle de bains et je sors tout seul.
- Je déteste les fringues fashion = Je me fiche de savoir où tu as trouvé ce top et je ne t'accompagnerai jamais en virée shopping, mais tu es superbe dedans.
- Trois cents euros pour ça ??? = Comment peux-tu envisager de mettre la moitié de notre loyer à tes, certes jolis, pieds ?

Bon t'es prête ? = On va être en retard et je déteste ça, s'il te plaît peux-tu te dépêcher ?

Crounch crounch crounch crounch = Il est délicieux ton dîner, et tu es resplendissante, je suis sans voix.

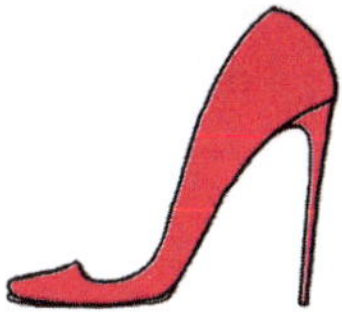

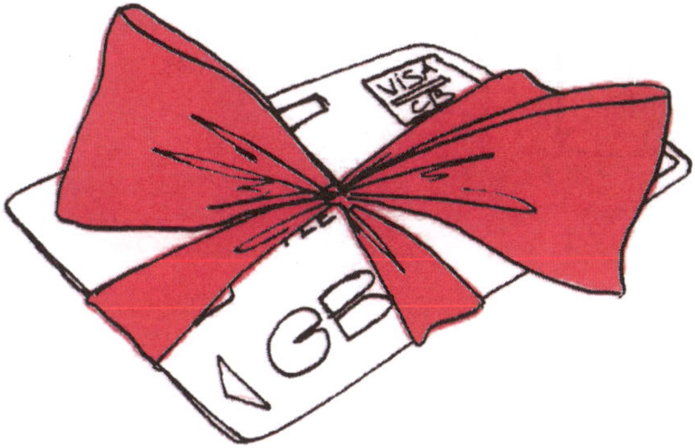

La mode et mon banquier

Allez savoir pourquoi, M. Truchon, mon banquier, n'apprécie pas tellement mon goût pour le shopping et la mode.
Ça n'est pas faute d'essayer de lui faire comprendre.

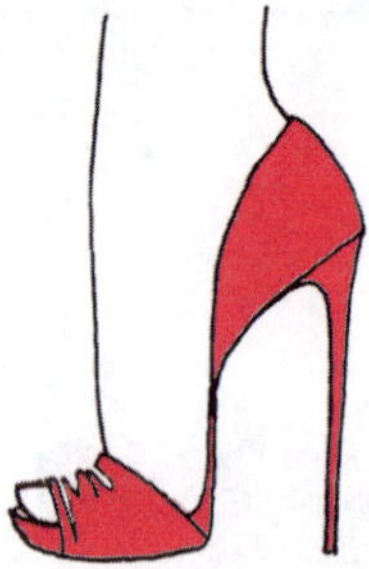

Expliquer l'inexplicable

Ou comment dire à mon banquier que oui, ce chèque de trois cent cinquante euros concerne bien une paire de Manolo en soldes.

Comment ça qu'est-ce que c'est qu'une paire de Manolo ?

Bah non, ce ne sont pas des boucles d'oreilles en or et diamants. Et non, je ne peux pas les revendre. Ce sont des chaussures. Ça ne vaut rien les chaussures d'occasion.

Oui, parfaitement monsieur, des escarpins. Comment ça s'ils sont en or ? Et puis quoi encore, trois cent cinquante euros, c'est plutôt le bas de gamme dans cette marque.

Oui, parce que ce n'est pas le prix plein pot. Vous voyez que j'en fais des efforts. Je ne paie plus le prix fort, c'est ma résolution de l'année 2008. Et je la tiens.

Comment ça j'ai dépensé le triple par rapport à l'année dernière à la même période ?

Oui, mais c'est parce que j'ai investi dans des basiques de garde-robe, des valeurs sûres. Vous verrez la rentabilité sur les chiffres de l'année prochaine, on ne vous a pas appris ça en cours de compta analytique ?

Il faut voir loin monsieur Truchon (oui, mon banquier n'a pas été gâté par la nature et son nom n'arrange rien à l'affaire) (je sais c'est mal de se venger aussi bassement). Voir loin, se concentrer sur le long terme. Regardez, dans vingt jours mon salaire arrive.

Qu'est-ce que vingt jours dans une vie ? Hein ? Je vous le demande. Vingt tout petits jours de rien du tout.

Vous rendre ma carte bleue pendant ces vingt jours ? Mais vous voulez ma mort ? N'avoir aucun pouvoir d'achat pendant plus de la moitié d'un mois ? Vous êtes fou ? Comment ça ce ne sont que vingt tout petits jours ?

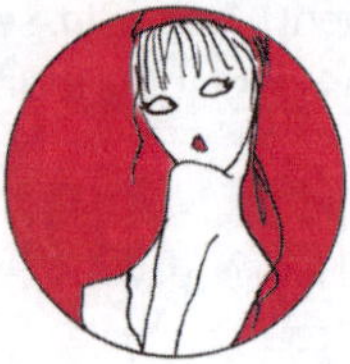

Inventions de produits financiers pour fashonistas en détresse

Je n'aurais jamais de soucis avec M. Truchon si ces solutions existaient. Jamais.

À mettre entre les mains de tous les décideurs financiers du monde

(Si vous en avez un dans votre entourage, au nom de la solidarité féminine, faites-lui lire ce qui suit !)

- Une autorisation de découvert doublant au moment des soldes.
- **L'assurance « shopping raté »** : quand il est trop tard pour retourner le produit en boutique, l'assurance rembourse les mauvais achats.
- **Un compte jumelé avec eBay** pour encaisser plus vite les paiements des ventes de vieilleries.
- **Un crédit spécial « renouvellement de garde-robe »** à taux très avantageux, proposé à chaque changement de saison.
- **Une carte bleue qui donne droit à de belles promotions** dans une sélection de boutiques citées dans *ELLE*.
- **Une carte bleue permettant de cumuler des points** utilisables chez Chanel.

- Un compte qui rémunère le découvert.

- Une prime de fidélité client : offerte à Noël pour toute période de découvert supérieure à deux mois pendant l'année précédente.

- Des actions LVMH offertes pour toute dépense en carte bleue effectuée dans leur réseau.

- La fausse alerte : un sms signalant l'état du compte envoyé au hasard dans le mois, annonçant une somme bien plus en dessous de zéro que la réalité.

Petit dictionnaire de traduction modeuse-banquier

Parce qu'on ne fait jamais assez d'efforts pour se faire comprendre de M. Truchon.

Ce que vous voudriez faire passer comme message.

Ce qu'il faut dire pour qu'il comprenne.

- Mais j'ai eu un gros coup de foudre pour ces escarpins de jeune créateur = C'est une intuition, ce jeune créateur a de l'avenir, cet achat va prendre de la valeur, peut-être même qu'un jour il sera coté en Bourse !

- Vous ne vous rendez pas compte, trois cent cinquante euros pour des Manolo, c'est l'affaire du siècle = J'ai profité d'une baisse considérable du prix produit pour investir, une chute de près de 50 %, on ne laisse pas passer une telle opportunité, n'est-ce pas ?

- Oui mais monsieur, cette robe est trop importante, je dois être au top dans mon job = Ça, je le compte en frais de représentation et ça fait baisser mes impôts sur le revenu, voyez-vous.

- Je ne peux pas me permettre de m'habiller chez H&M et autres boutiques de chaînes, je suis obligée de me démarquer = À cause de la mondialisation, je me sens obligée de favoriser de petites entreprises nationales, c'est un moyen de me démarquer de la concurrence et d'être bien vue par mes clients.

- Me confisquer ma carte de crédit maintenant ? Mais ce sont les soldes ! = Vu l'état du marché, une hausse des prix est à redouter d'ici quelques semaines, laissez-moi investir avant la flambée s'il vous plaît.

- Ne vous inquiétez pas je vais revendre des vieilles fringues sur eBay et tout va rentrer dans l'ordre = Mes investissements des années précédentes vont bientôt porter leurs fruits.

- Il faut vite que j'achète les nouveaux modèles de la saison sinon il n'y en aura plus = Je dois me positionner sur le marché et faire des placements avant la rupture de stock.

- J'ai déjà ces escarpins en rouge et je les porte beaucoup, alors je me suis dit que bien que ça me mette à découvert, les prendre en noir serait une bonne chose = Ayant investi dans ce produit qui est devenu une valeur sûre, j'ai trouvé pertinent de compléter mon portefeuille d'escarpins avec un modèle au comportement similaire.

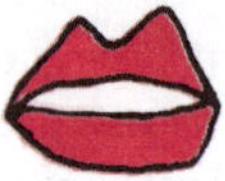

Le régime shoppinguistique

Parfois, j'ai trop fait chauffer ma carte bleue et M. Truchon est furieux, alors je suis obligée de faire un régime shoppinguistique… Finalement, ça ressemble beaucoup au régime classique.

Voici les diktats

(et ce que je fais en réalité).

- Pas de goinfrerie de shopping : un seul achat par jour. **(Oh, une culotte ça ne compte pas, hein ? Un legging non plus… euh… ce tee-shirt, c'est pour mon homme, ça ne compte pas non plus, non, non.)**

- J'évite les hauts lieux de la tentation comme H&M, qui est au régime shoppinguistique ce que Ben & Jerry's est au régime tout court. **(Oh, il vaut mieux que je craque pour des bricoles chez H&M que pour un sac chez Chloé, n'est-ce pas ?)**

- J'apprends à dire non à une virée shopping entre copines, moment hautement dangereux. **(Oui, mais je ne pouvais pas dire non, là, ce sont les soldes de presse de ma marque préférée.)**

- La carte de crédit reste à la maison si je me rends dans un lieu à risque. **(Charlotte, tu me prêtes soixante euros ? J'ai oublié ma carte.)**

- Pour un vêtement acheté, je vire un vieux vêtement, c'est le deal à passer avec soi-même : comme ça on achète que ce qui nous motive vraiment. **(Je prends cette robe** magnifique en soie... Oui ok, je sais, je dois virer un truc, eh bien, je jetterai mon vieux jogging vert.)

- Je ne rentre plus que chez Chanel : pas les moyens du tout, donc pas de risque. (Vous me prendriez trois chèques pour les escarpins à trois cents euros en vitrine ?)

- Je me trouve d'autres buts : voyager par exemple. (Oh oui, à Amsterdam il y a de super boutiques !)

- Je revisite mes classiques : cette belle chemise délaissée depuis six mois, c'est comme un vêtement neuf tellement plus personne ne s'en rappelle. (Et cette broche à cent dix euros chez Erotokritos la ravivera merveilleusement.)

- Je reste au moins trois minutes devant la glace avec toute fringue essayée, le temps d'en apprécier toute la saveur : est-elle bien confortable ? Me met-elle en valeur ? Assise, je suis comment ? (Elle est parfaite, je l'aime trop rien qu'en l'enfilant, je file à la caisse.)

- Quand on a tenu une semaine on se fait un petit plaisir pour se récompenser. (Oh, ça fait deux heures, je m'offre un pendentif soldé ; dingue, ça fait douze heures, je peux m'offrir ce cardigan en promo...)

Moralité : le régime shoppinguistique est comme tous les régimes. Impossible de le tenir, on finit par faire une crise de boulimie de rattrapage et notre dressing prend trois kilos...

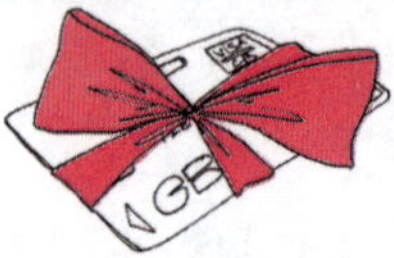

Pieux mensonges pour garder sa carte bleue

Quand je rate mon régime, mon banquier se venge sur ma carte bleue, il menace de la découper.

Quel serial killer ce Truchon ! Mais je ne me laisse pas faire, j'ai de solides arguments.

- Demain je gagne au Loto et vous allez le regretter. Si si, c'est ma voyante qui me l'a dit !
- J'ai prêté trois cents euros à une amie, elle me les rend en fin de semaine, voyez directement avec elle si vous voulez…
- Mon patron vient de m'augmenter, je venais justement vous demander un découvert plus important.
- Mes parents m'ont fait un virement, il devrait arriver très vite.
- Je ne comprends pas : j'ai déposé un chèque de ce montant la semaine dernière, vous ne l'avez pas reçu ?
- Ça tombe bien que vous vouliez reprendre celle-là, elle n'est pas terrible, je préférerais une Gold, oui, c'est quand même plus joli.
- Promis, je ne l'utiliserai qu'au Monoprix, uniquement pour l'essentiel vital. (Et le rayon vêtements, mais chuuuut… ça, Truchon ne connaît pas.)
- Ah bon, le moins devant ça veut dire que je suis dans le rouge ! Oh mon Dieu ! Et dire que je pensais que c'était un simple tiret !

Ce qu'un banquier ne comprendra jamais

On aura beau lui expliquer dans tous les sens, c'est sans espoir. Même au bout de plusieurs années d'expérience de mon compte en banque, M. Truchon n'a toujours pas compris que :

- Oui, je préfère une paire de Jimmy Choo à un PEL, et oui je trouve ça plus concret.
- Si je dépense des fortunes en fin de mois et que j'explose mon découvert autorisé, il n'y a pas de quoi paniquer puisque mon salaire arrive quelques jours plus tard et me fait retomber à zéro.
- C'est vrai, cette robe coûte le prix d'un mois de traites d'appartement, mais au moins on ne peut pas me l'hypothéquer.
- Ce n'est pas parce que mon job paie mal que je peux me permettre de m'habiller chez Tout à dix euros.
- C'est vrai, j'ai trop de crédits à la consommation, mais je n'arrive pas à choisir entre soldes et vacances.
- Mettre de côté ? Quel dommage, j'aime mieux investir dans de beaux basiques, c'est plus sûr.
- Non, je ne peux pas rendre ces escarpins, ils ne sont ni repris ni échangés.
- Je peux très bien mettre mon salaire entier dans un sac le 1er du mois et manger des pâtes au beurre pendant vingt-neuf jours.

- L'état de mon compte ne change en rien mon besoin de chaussures.

- **Quand ça va très mal** et que mon découvert atteint des abysses effrayants, en moins de cinq jours je peux récupérer de quoi le couvrir en vendant d'ex-merveilles sur eBay.

Mille et une bonnes raisons de dépenser tout son salaire, voire plus, en fringues (bon ok, dix bonnes raisons).

À partager avec M. Truchon...

- La carte de « crédit » n'a-t-elle pas été inventée pour ça ?
- Rien ne garantit le beau temps en vacances, tandis que cette robe magnifique me promet le sourire toute la saison.
- Comme ça on achète moins de choses au supermarché, on mange moins, on mincit !
- Se priver, c'est très mauvais, ça crée un stress nocif pour la santé.
- Coco Chanel a dit : « La mode se démode, le style jamais. » Donc à long terme, le plus rentable est d'acheter des vêtements Chanel. Un smic par manche.
- Se sentir belle et élégante, ça vaut toutes les thérapies du monde. Et en fin de compte c'est moins cher.
- On dit que les chaussures font tout, et une belle paire de chaussures, c'est un investissement.
- Le cachemire tient plus chaud que la laine, la soie protège mieux du froid que le nylon. Il n'y a pas de secret : une belle matière a un prix, éviter le rhume aussi.

- Un joli look est probablement la seule chose que l'on emmènera dans sa tombe.

- Regarder un dressing bien rempli de pièces rares, élégantes, et surtout qui nous plaisent, chaque matin, c'est un luxe qui fait le plus grand bien.

Phrases de rêve… que Truchon ne prononcera jamais

- Mais bien sûr, je double votre autorisation de découvert.
- D'accord, compte tenu de votre situation, j'accepte de faire sauter les agios.
- Des Jimmy Choo à trois cents euros ? Vous avez bien fait, je laisse passer le chèque, après tout votre salaire sera là dans dix jours.
- Votre demande de crédit pour un « renouvellement de garde-robe » a été acceptée, le taux a été négocié à 1,5 % annuels fixe.
- Votre carte bleue est bloquée ? Ah bon ? C'est forcément une erreur, on va arranger ça ne vous inquiétez pas.
- Ne vous en faites pas, on va trouver une solution, avez-vous pensé à vendre des choses que vous ne portez plus sur eBay ?
- Quelle jolie robe, c'est celle de la couverture du *ELLE* de la semaine dernière, non ?
- Vous êtes la reine des bonnes affaires, une jupe Prada à soixante euros ! Si ça continue on va vous embaucher.
- Casser votre Codevi et retirer l'argent demain matin ? Ah mais oui, bien sûr, ce sont les soldes, pas de problème, l'argent sera disponible demain avant l'ouverture des boutiques.
- Suite à une erreur de la banque, nous vous remboursons la somme de deux mille euros.

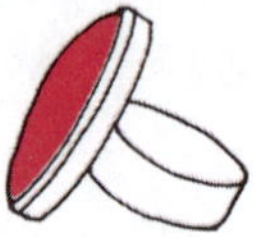

Les mathématiques shoppinguistiques

À méditer avant de dégainer sa carte bleue, car oui, parfois, Truchon a raison, soyons réalistes.

- 1 robe Zara = 2 robes H&M = 1 robe H&M + 1 paire d'escarpins Zara ou la facture de portable.
- 2 robes Zara = 1 robe Maje ou Sandro = 1 robe authentique 1930 ou la facture d'électricité.
- Un jean Les Petites = 2 jeans Little Big + 1 robe H&M = 3 jeans Cheap Monday et la facture de téléphone.
- 1 viennoiserie/jour x 20 jours (1 mois jours ouvrés) = 1 tee-shirt + 1 jean Zara (et une taille de moins) ou l'abonnement au club de gym.
- 2 tops Promod = 1 top Gap = 1 robe vintage des années cinquante ou un Caddie pour le week-end.
- 2 paires 1/2 d'escarpins André = 1 paire de Marc Jacobs = 1 paire de Chanel ou la moitié du loyer.
- 1 paire de Repetto = 1 A/R pour Londres (arrêt chez Top Shop non inclus) ou la taxe d'habitation.
- 2 sacs Charlotte Darel = 1 Speedy Vuitton = 1 sac Chanel 2,55 d'occasion ou un mois de loyer.
- 2 paires d'escarpins Colisée de Sacha = 1 paire d'escarpins Chanel + 1 top H&M ou un week-end au Maroc.
- 1 sac Mango = 1 sac Cartier vintage ou un sandwich chaque jour de la semaine.

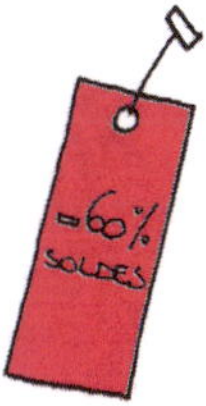

Petits arrangements avec ma conscience financière

Ce que je me dis pour justifier l'injustifiable : mes mantras après grosse dépense.

- Après tout, c'est à peine plus cher qu'un billet d'avion pour Barcelone. Or j'ai peur de l'avion.
- Je dépense le PIB du Soudan en shopping ? J'ai au moins le mérite de faire tourner l'économie de mon pays.
- Ça n'est pas raisonnable ? Je suis jeune, après tout, la jeunesse est insouciante.
- En payant en trois fois, je préserve mon budget.
- Oui, ce sac, c'est un dixième de mon salaire, mais après tout ce n'est qu'un trentième de mon loyer.
- Après je ne dépense plus rien pendant un mois.
- C'est un basique, il me fera dix ans, quatre cent quatre-vingts euros divisés par dix : quarante-huit euros par an, soit quatre euros par mois, super raisonnable !
- Je viens d'être augmentée, autant fêter ça dignement !
- C'est ma façon à moi de me faire plaisir quand d'autres ont les collections de timbres ou les sauts en parachute.
- C'est ma fille (pas près d'être née) qui sera contente quand elle sera en âge de récupérer tout ça !

Liste noire des ennemis de mon banquier

S'il les trouve, ceux-là, ils vont passer un mauvais quart d'heure...

— Karl Lagerfeld

— Christian Louboutin

— Marc Jacobs

— Une certaine Colette

— Martin Margiella

— Patrick Cox

— Un certain Jimmy Choo (sûrement un pseudo : enquête à mener !)

— Gérard Darel

— Rose Repetto

— La famille Guerlain au complet

— Tony et son ami Guy (noter pour plus tard : retrouver le nom de famille de ces coiffeurs branchés).

CONCLUSION

Les tortures de la mode devraient être dénoncées. Chaque jour, des milliers d'innocentes les subissent.

Au péril de ma vie de modasse, je vous les ai livrées.

Votre devoir : en informer votre entourage !

Prêtez ce livre à votre mère, vos amies, vos collègues, offrez-le aux anniversaires auxquels vous êtes conviée, faites-le livrer avec des fleurs, abandonnez-le dans les boutiques complices de ces atroces crimes contre la jeune citadine moderne.

À chaque livre lu, les tortures reculent et le rire prend le dessus, faites un geste pour les victimes de la mode !

TABLE DES MATIÈRES

Le blog de Caroline de Surany
http://www.carolinedaily.com/

Le blog d'Angéline Mélin
http://www.angelinemelin.blogspot.com/

Du côté des filles
dans Le Livre de Poche

LES PINTADES

LAYLA DEMAY et LAURE WATRIN,
Les Pintades à New York n° 10042

Obsédée par la réussite matérielle mais cérébrale, féministe mais féminine, libérée mais pleine de tabous, autonome mais grégaire, la New-Yorkaise n'hésite pas à employer les grands moyens pour trouver l'homme idéal. Un portrait mordant et tendre, à travers des chroniques, des anecdotes, les bons plans et les meilleures adresses remises à jour.

VIRGINIE LEDRET, *Les Pintades à Londres* n° 10043

Les Londoniennes restent une énigme. Leurs excentricités, leur amour de la monarchie, leur goût prononcé pour l'ivresse, leurs opinions politiques, leur humour cynique ou leurs styles vestimentaires déjantés nous laissent perplexes. Des conseils et des bonnes adresses actualisées pour tirer le meilleur parti de la ville.

DELPHINE MINOUI, *Les Pintades à Téhéran* n° 31389

Portraits de femmes à Téhéran, après 30 ans de révolution islamique, dans la rue, au travail, dans les commerces, dans leur intimité... Téhéran n'est pas la plus touristique des destinations, mais la basse-cour iranienne n'a pas fini d'étonner les pintades....

LAYLA DEMAY et LAURE WATRIN, *Une vie de pintade à Paris* n° 31555

Partout dans le monde on les dit élégantes, sophistiquées, gourmandes, séductrices-nées... Ce guide passe à la loupe le mode de vie des Parisiennes, leur rapport aux hommes et à la séduction, dresse un état de la condition féminine à Paris et livre des bons plans mode, beauté, loisirs, etc.

Carrie Adams

La Célibataire n° 31530

Tessa, célibataire, a 36 ans. Si elle adore les enfants dont elle est la marraine et veut bien s'en occuper de temps en temps, elle aime tout autant les rendre à leurs parents. Le jour où un couple de ses amis meurt dans un accident, elle se retrouve responsable de jumeaux.

Penelope Bagieu

Ma vie est tout à fait fascinante n° 31327

Pénélope Bagieu vit dans le plus petit appartement du monde, sous les toits, en compagnie de son chat rose, de sa collection de chaussures et de ses tracas quotidiens. Heureusement pour elle, il reste ses copines langues de vipère, les soldes, les séries télé, la presse people et les macarons ! Une bande dessinée où les petits riens du quotidien sont croqués avec beaucoup d'humour et un talent évident.

Candace Bushnell

Haut de gamme n° 30572

Janey Wilcox est prête à tout pour être au « top ». Mannequin-vedette d'une marque de lingerie, elle masque sous une carapace de papier glacé une détresse morale qui n'a d'égal que son cynisme. Son but avéré : dénicher LE « Mister Big », l'über-mâle le plus riche possible...

Lipstick Jungle n° 30995

Nico, Wendy et Victory : des battantes au top de leur carrière mais en perte de vitesse en matière de vie privée... Comment gérer le sexe, le business et l'amour lorsqu'on est une femme dans la jungle new-yorkaise ?

Quatre blondes n° 15402

Elles sont quatre, blondes, sophistiquées et sexy. Elles s'habillent chez les grands couturiers, courent les endroits à la mode, traquent dans la *jet-set* l'homme idéal, c'est-à-dire l'homme riche. Mais, au royaume du superficiel et de la silicone, l'amour-propre ne le reste jamais très longtemps...

Sex and the City n° 15212

Elles ont tout pour plaire : jeunes, jolies, brillantes, sexy, indépendantes. Tout, sauf ce qu'elles cherchent désespérément : le partenaire idéal. Devenu un livre culte avant d'inspirer une série télévisée, *Sex and the City* est une chronique à la fois hilarante et terrifiante des mœurs amoureuses et sexuelles de l'élite de Manhattan.

TERI HATCHER

Le Syndrome du toast brûlé n° 10041

Teri Hatcher, *alias* Susan dans *Desperate Housewives*, nous livre tous ses secrets. Finis les sacrifices, les échecs et les prises de tête. Être femme, sexy, maman, divorcée, quadra, bosseuse, célibataire, belle (ou moche), n'empêche pas de vivre sa vie, ses projets et de (re)trouver ENFIN le bonheur !

LISA LUTZ

Spellman et associés n° 31021

Qui pourrait résister aux Spellman, la famille la plus sérieusement fêlée de la côte Ouest ? Certainement pas leur fille, Izzy, associée et néanmoins suspecte. Car, pour ces détectives-nés, rien n'est plus excitant que d'espionner, filer, faire chanter... les autres Spellman de préférence.

Les Spellman se déchaînent n° 31394

Le grand retour des Spellman, détectives privés de père (et mère) en fille(s). Chez eux, savoir écouter aux portes est un talent inné, crocheter les serrures, une seconde nature, exercer un chantage, une façon très personnelle de mener des négociations. Le tout au nom de l'amour inconditionnel.

Camilla Morton

Comment marcher sur des talons aiguilles n° 10018

Pour les filles qui s'intéressent à la mode, ce manuel rempli de conseils et d'humour apportera toutes les réponses à des questions d'une extrême gravité : comment sortir d'une voiture en minijupe, marcher avec des talons aiguilles sur du marbre, avoir l'air très occupée à ne rien faire...

Catherine Rambert

Impostures sur papier glacé n° 31430

Bérengère de Cabrières est rédactrice en chef du plus glamour des magazines people, persuadée qu'elle ne mérite pas sa place, ni son salaire, ni sa position sociale. Tout cela n'est, pense-t-elle, que le fruit du hasard, le résultat d'un enchaînement de circonstances. Une imposture en somme...

Stephane Ribeiro

Tout sur nous n° 10017

De la première rencontre à la découverte de l'autre, des sujets qui fâchent au meilleur qui reste à venir, autant d'éléments qui vous permettront de mieux vous connaître, pour (peut-être) mieux vous aimer ! Un cadeau interactif à offrir sans tarder à votre bien-aimé(e) !

Le Livre de mes listes n° 31303

Il n'a pas reçu le prix Goncourt. Il est autorisé et même fortement recommandé d'écrire dessus. Il remplace aisément les fleurs quand on est invité à dîner chez des amis. Il contient 190 listes que vous avez toujours eu envie de faire et que vous allez pouvoir faire vous-même...

Tess Stimson

Le Club de l'adultère n° 31371

Sara est avocate et célibataire. Elle s'est juré de ne jamais tomber amoureuse d'un homme marié. Jusqu'au jour où elle rencontre Nick, qui, lui, s'est juré de ne jamais tromper sa femme...

Composition réalisée par Asiatype

Achevé d'imprimer en octobre 2009 sur les presses de
l'Imprimerie moderne de l'Est à Baume-les-Dames (Doubs)
Dépôt légal 1re publication : novembre 2009
Librairie Générale Française
31, rue de Fleurus – 75278 Paris cedex 06

30/8511/5